神戸歴史散歩

海がつくった国際都市

加藤隆久
生田神社名誉宮司

古代の向こうに現代が見える、五色塚古墳と明石海峡大橋。国内初とも言える巨大古墳の復元整備を構想した考古学者の坪井清足は、建設省の情報と地域住民の声から、古代技術の粋を集めた五色塚古墳と、現代技術の粋を集めた明石海峡大橋とを見比べられるようにした。（本文 81 ～ 84 ページ）　写真提供・神戸市文化財課

五色塚古墳の「前方」部分には円筒形埴輪のレプリカが並べられている（85ページ）

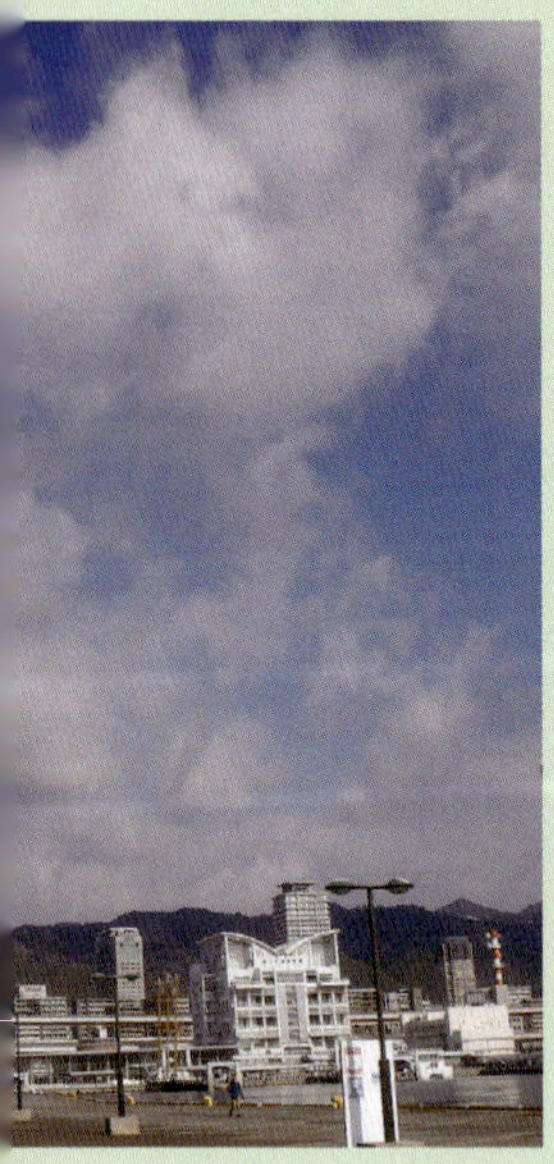

ミナト神戸を代表する景観のメリケンパーク（36ページ）

六甲山を崩した土で埋め立てられた神戸
ポートアイランドと神戸港（35ページ）

近代、神戸に移住した華僑がつくった南京町、
今は観光客でにぎわう（215ページ）

巨大なメリーゴーランドがシ
ンボルの神戸ハーバーランド
（36ページ）

新神戸駅から 500 メートルの近さにある深山幽谷の布引の滝（39 ページ）

勝海舟の建言で幕府が神戸に設置した神戸海軍操練所跡の碑（65 ページ）

平清盛の廟がある能福寺の
兵庫大仏（201 ページ）

福原の故地に立つ僧形の
平清盛像（42 ページ）

鎌倉時代に兵庫津を整備した西大寺の叡尊が設けた
清盛塚十三重石塔（92 ページ）

古代大輪田泊の基礎工事に使われた花崗岩の巨石（200 ページ）

かつての大輪田泊辺りにある築島水門（49 ページ）

新川運河キャナルプロムナードの清盛くん
（203 ページ）

財の神として名高い三国志の関羽を祀る神戸関帝廟（192 ページ）

日本で唯一のジャイナ教寺院（189 ページ）

日本で最初の神戸ムスリムモスク（188ページ）

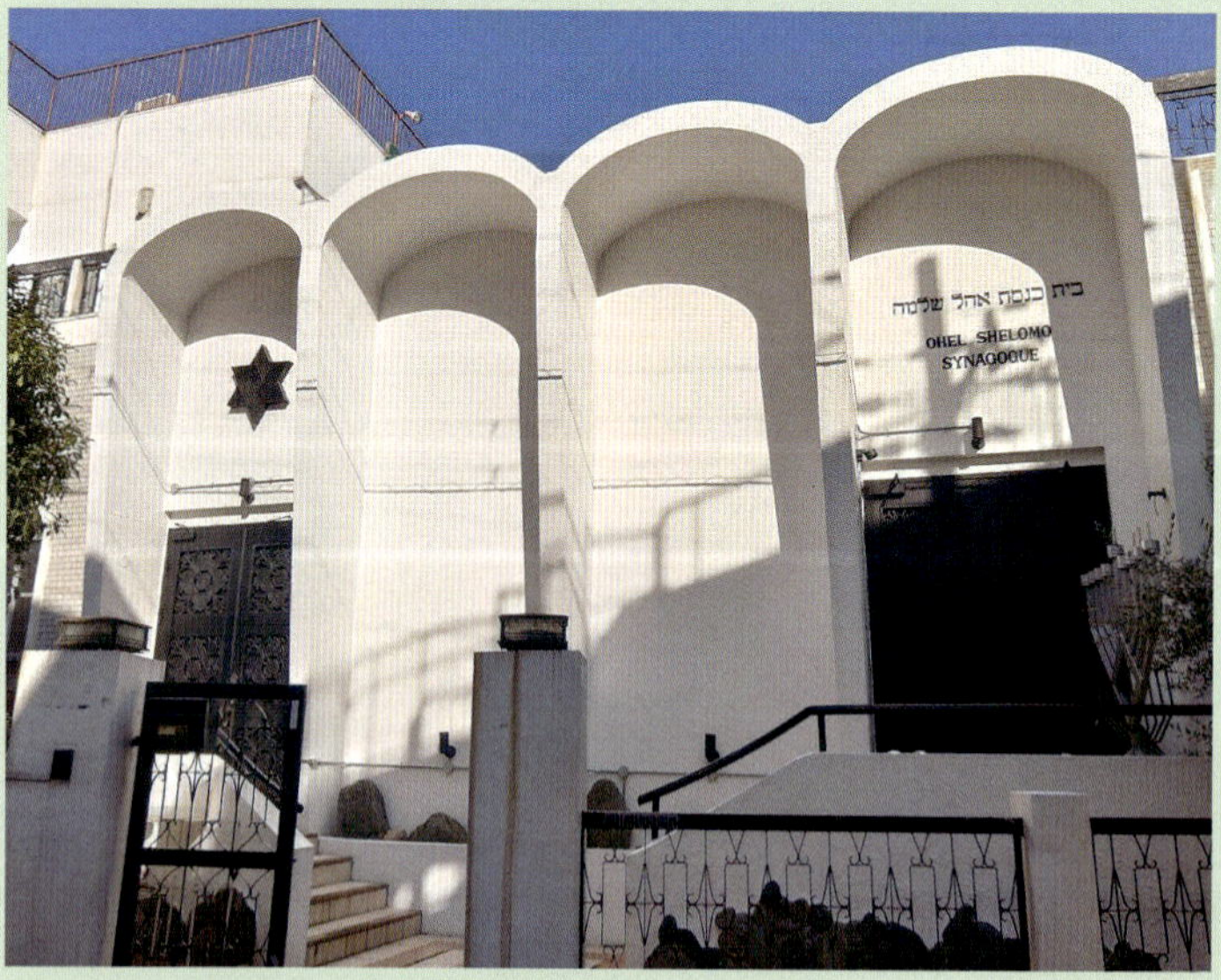

関西に住むユダヤ人の拠点になっている神戸シナゴーグ（190ページ）

原田の森にある旧関西学院チャペルの神戸文学館（181 ページ）

ロシア正教会の神戸ハリストス教会
（189 ページ）

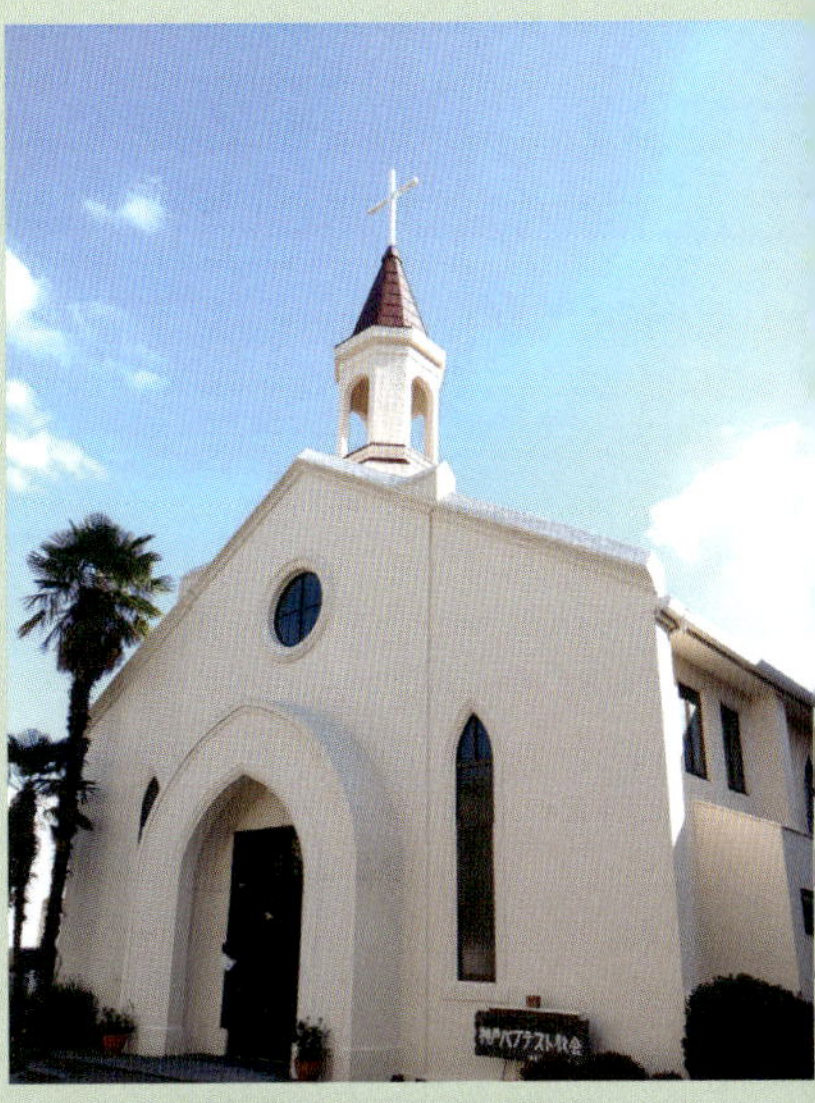

北野異人館街にある神戸バプテスト教会（189 ページ）

「新聞の父」ジョセフ・ヒコこと浜田彦蔵の像（播磨町公民館の正面玄関脇　169 ページ）

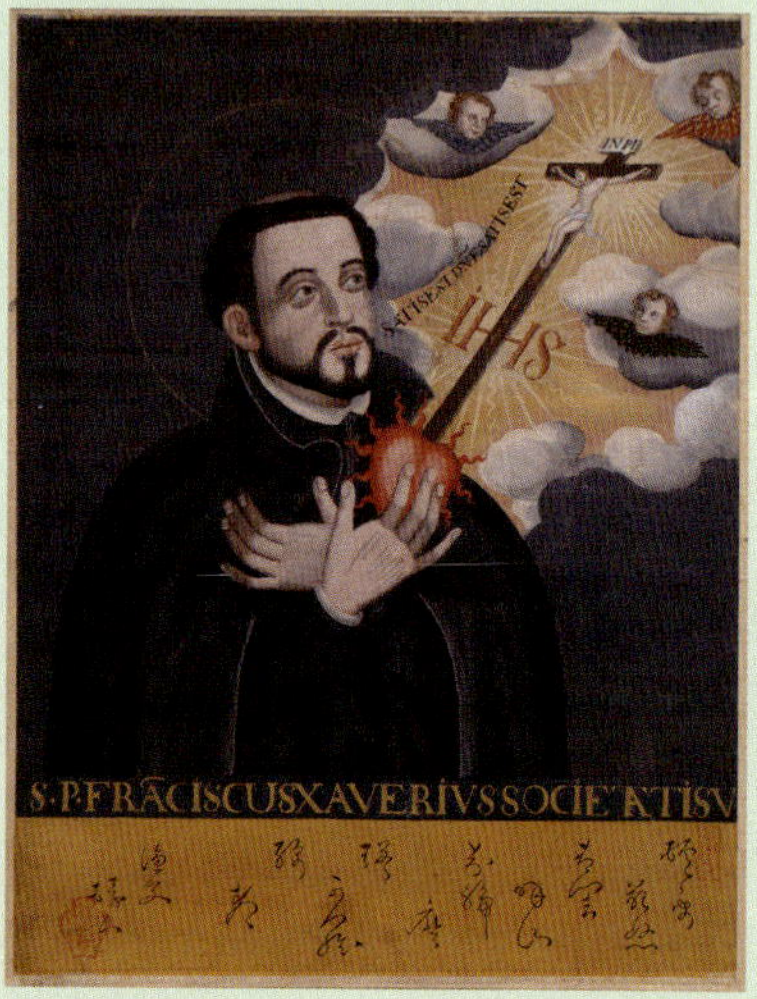

山口から京都に向かう途中、神戸にも上陸した聖フランシスコ・ザビエル像
（117 ページ）

神戸市立博物館蔵
Kobe City Museum/
DNPartcom

神戸に現存する最古のキリスト教会・日本聖公会神戸昇天教会（177 ページ）

『源氏物語』ゆかりの「明石入道の碑」や「浜の松の碑」
がある明石市の善楽寺（211 ページ）

時宗真光寺にある一遍上人の御廟（206 ページ）

黒田官兵衛が生まれた姫路城、平成の大修理で白鷺城の名にふさわしくなった（131 ページ）

姫路城での千姫の暮らしを人形で再現（156 ページ）

モニュメント「夢レンズ」
人生すべからく
夢なくしてはかないません
原口忠次郎
舞子公園にある明石海峡大橋生みの親・原口忠次郎第 12 代神戸市長の顕彰碑「夢レンズ」（234 ページ）

孫文を顕彰する日本で唯一の博物館・孫文記念館（229 ページ）

生田神社拝殿

生田神社の境内にある大海《だいかい》神社の御祭神は猿田彦命で土俗の神。そこに天孫族の天津神である稚日女尊《わかひるめのみこと》が来て祀られ、いわば地主の神を征服したのではないか（101 ページ）

神戸歴史散歩

海がつくった国際都市

広田神社
西宮市
北区
灘区
日本聖公会
神戸昇天教会
神戸文学館
敏馬神社
東灘区
中央区
能福寺
（兵庫大仏）
兵庫区
長田区
大輪田泊跡
真光寺
兵庫住吉神社
長田神社

西区
須磨区
垂水区
須磨寺
五色塚古墳
現光寺
橋の科学館
孫文記念館
明石海峡大橋

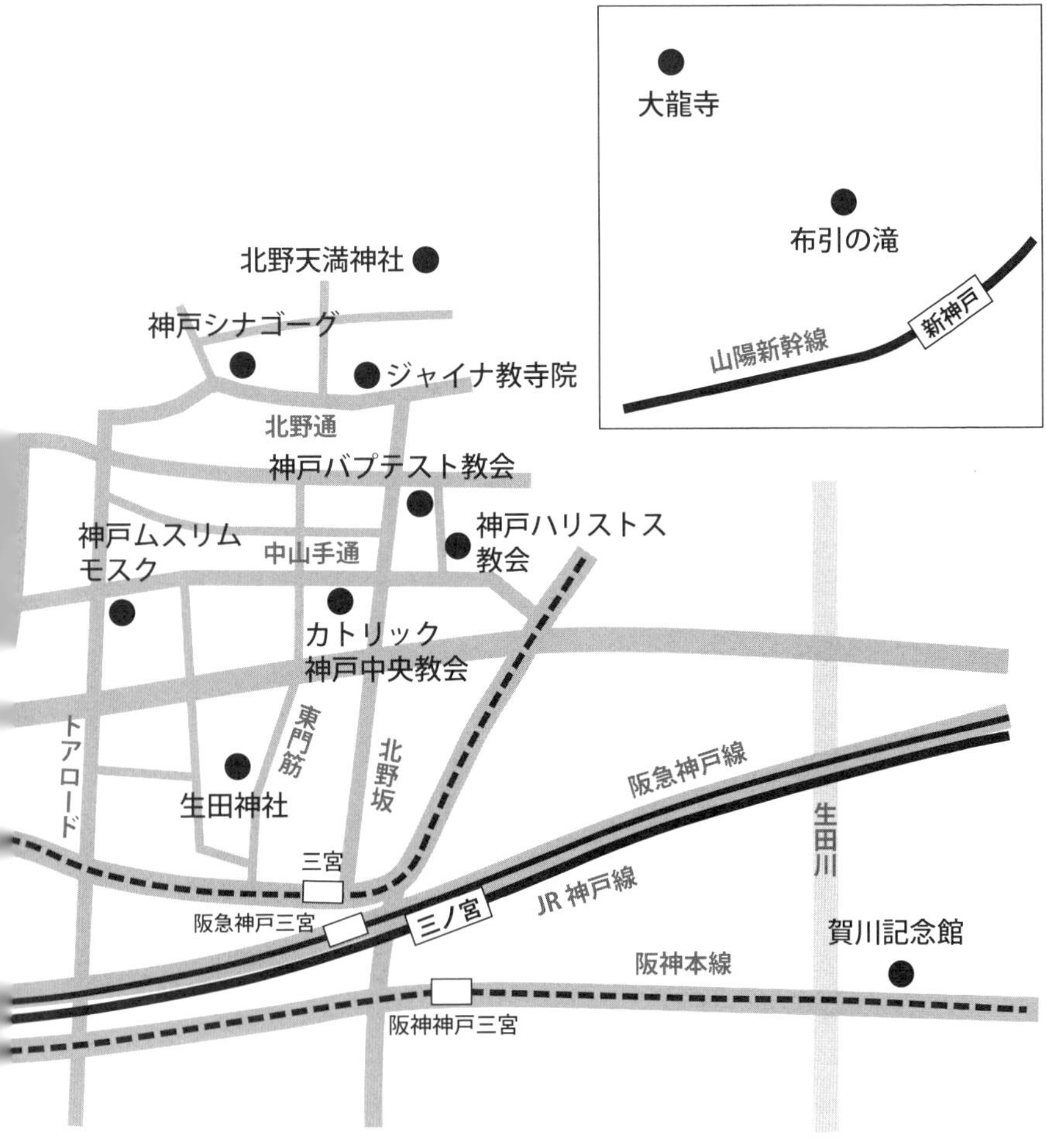

大龍寺
布引の滝
新神戸
山陽新幹線
北野天満神社
神戸シナゴーグ
ジャイナ教寺院
北野通
神戸バプテスト教会
神戸ハリストス
教会
神戸ムスリム
モスク
中山手通
カトリック
神戸中央教会
東門筋
北野坂
トアロード
生田神社
阪急神戸線
生田川
三宮
阪急神戸三宮
三ノ宮
JR 神戸線
賀川記念館
阪神本線
阪神神戸三宮

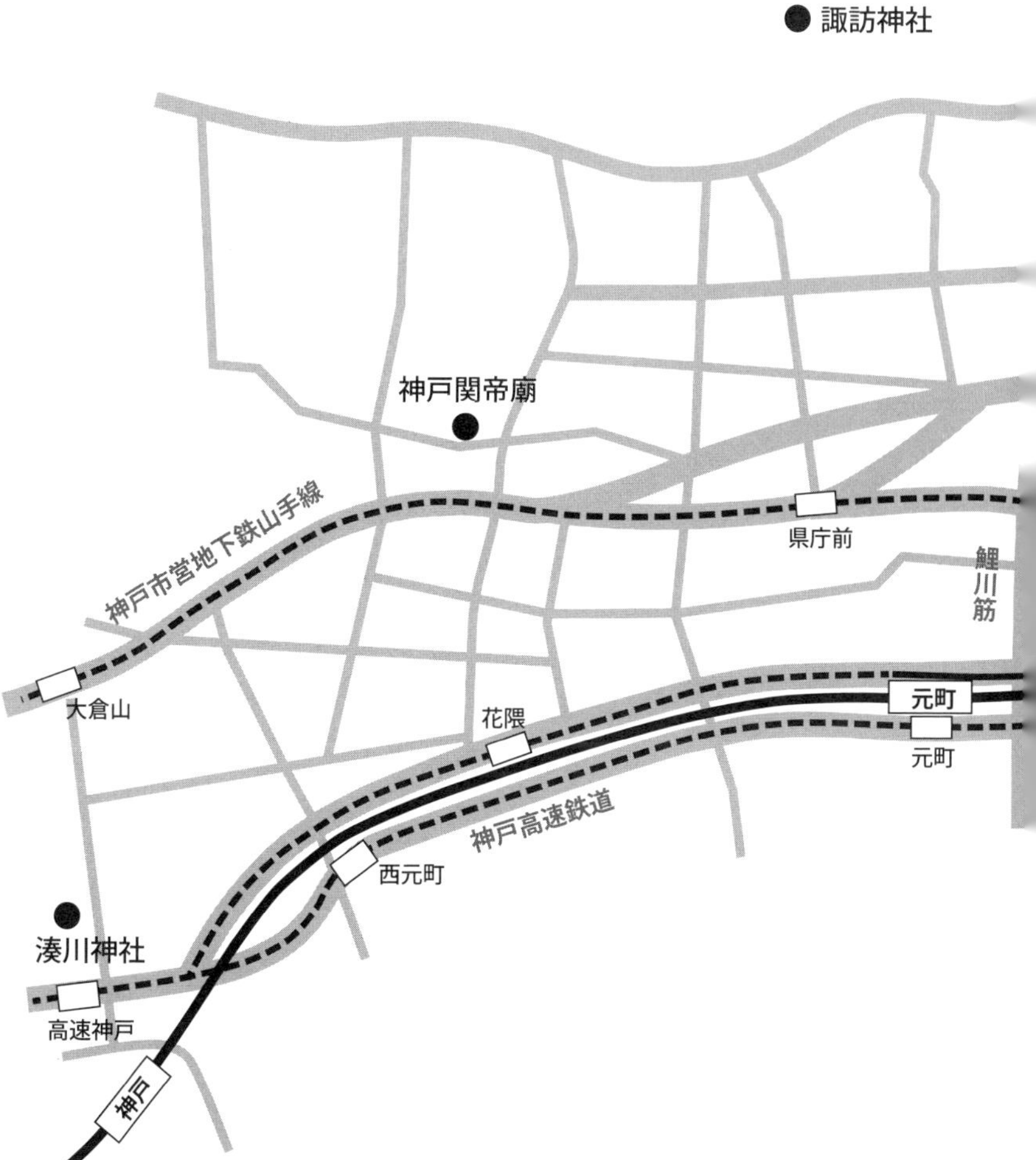
諏訪神社
神戸関帝廟
神戸市営地下鉄山手線
県庁前
鯉川筋
大倉山
花隈
元町
元町
神戸高速鉄道
西元町
湊川神社
高速神戸
神戸

まえがき

私が会長を務めている神戸史談会は、明治38年（1905）に発足して、本年120周年を迎えました。これほど長い伝統と実績を持つ郷土史研究団体はおそらく他にないものと思われます。

神戸史談会の歴史を振り返りますと、平清盛の「雪見御所《ゆきみのごしょ》」跡の遺跡の発見を機に、神田兵右衛門、福原潜次郎ほか有志数名が参集し、「自己の郷土に対する知識・研究の交換にとどまらず、これを一般に普及し、郷土文化を守ることが新興神戸の都市には必要」という趣旨のもとに神戸史談会が設立されました。

明治38年、日露戦争終結とともに発会し、直ちに対外活動を開始。明治38年9月の「第一回郷土史参考品展覧会」を最初として、郷土の歴史知識啓蒙のため、郷土歴史展覧会、歴史関係の絵はがき発行、古書宝永版『兵庫名所記』の版木発見と、その上梓、史跡指定や保存の陳情、史跡の整備、石碑や石塔の建碑、機関誌特集号の発行や歴史講演会の開催などを行ってまいりました。殊に昭和55年の福原遷都800年記念碑の建碑や講演会は思い出に残る事業でした。

神戸史談会は明治・大正・昭和・平成・令和と五代にわたり、昭和13年の阪神大水害、昭和20年の神戸大空襲、平成7年の阪神淡路大震災、近時の新型コロナウイルス感染症の蔓延など幾多の天災・人災に遭遇しながらも、したたかに会の運営を継続してまいりました。

神戸史談会の趣旨は、歴史史跡を訪ね歩き、歴史文化を肉声で聴き、そして歴史書を読み、心相通じる人々と語り合うことで、より有意義な生き甲斐を求めることにあります。

海と山がつくった国際都市神戸を、近時もう一度歩いて、その変貌の歴史を考えてみたいと思い、私の畏友で京都大学出身の歴史作家、現在、香川県さぬき市に住み、農業を営んでいる多田則明君に付き添ってもらい、神戸の歴史を探訪しました。

ここにその報告を申し上げるものであります。

令和7年1月20日

加藤隆久

もくじ

序　諏訪神社の厄除初午大祭

古式湯立神事

令和6年（2024）の節分後最初の午《うま》の日に当たる2月12日、六甲山系山麓の諏訪山の金星台の上に鎮座する神戸市中央区の諏訪神社で、商売繁盛と家内安全を祈願する厄除初午大祭があり、釜で沸かした湯のしぶきを浴びて厄をはらう伝統行事「古式湯立《ゆだて》神事」が執り行われた。

午後2時から神事が始まり、安部初男宮司が氏子らの名前読み込んだ祝詞を奏上し、巫女が神楽を奏奏して、氏子総代ら参列者が玉串を神前に捧げて拝礼した。氏子たちの名前をすべて入れた祝詞に、氏子を大切にする気持ちが感じられた。

次いで、湯立神事の用意がなされた稲荷社の前でも神事が行われ、古式湯立神事が始められた。神楽の曲が流れる中、白装束姿にたすきをかけた巫女が、古式ゆかしく稲荷社の前に据えられた二つの釜に供え物の塩、米、酒、水を入れて湯を清めた。

そして、意を決したかのように、ササの束を釜の湯に浸けて、体を大きくそらして勢いよくササの束を振り上げると、湯が空に向かって弧を描きながらあたりに飛び散る。飛散するうちに温度が下がり、肌に触れても熱いことはない。ほどよく冷めた湯が降り注ぎ、参拝者らはそれぞれ身を清められながら、一年の健康や開運厄よけを祈願していた。

湯立神事は湯立神楽とも呼ばれる日本の伝統行事で、大きな釜にお湯を沸かし、ササを熱湯に浸してそれを身にかけ、その年の吉凶を占い、無病息災や

諏訪神社

五穀豊穣を願うもの。神社が神威を授け与え、人々がそれをもらい受ける、古代からの儀式なのだろう。

氏子総代の瀧賢太郎さんは、神事の後の挨拶で「古代からの日本の伝統が神事によって継続されている。古くから天皇陛下の御代が続いているような国は世界にない。伝統を守ることが国民の原理でもあり、政治家の人たちには国民の伝統と国益をしっかり守ってほしい。それが地域社会、ひいては国の安寧を保つことになるから、神事を大切に守っていきたい」と語った。人々の祈り、願いの中心に神社がある。

湯立神事

拝殿の前で瀧さんに話を聞くと、「諏訪神社は高台にあるので、風が吹き上がってくるのでさわやかでしょう」と。境内からは、神戸の高層ビルが林立する街並みと、遠く淡路島を望む神戸湾が見渡せ、広大な気分になる。下の諏訪山公園では盆踊りも行われ、庶民の楽しみの場にもなっているという。氏子が少年野球の指導をしていることもあって、子供たちも多く参加し、湯立神事の湯を浴びながら楽しんでいた。

諏訪神社の祭神は建御名方大神《たけみなかたのおおかみ》と比売神《ひめがみ》。社伝によると、仁徳天皇の皇后である八田皇后《やたのひめみこ》の離宮鎮護神として鎮斎されたという。生田神社と長田神社の中間に位置することから、古くは「中宮」と称されていた。1182年頃の治承・寿永の乱（源平合戦）の折、源義経が武運を祈ったという言い伝えがある。

中国人がお参り

同社が神戸の近代化を反映しているのは、明治期に長崎から移住してきた中国人に崇拝されるようになったこと。安部宮司によると、「中国人が親しみを感じたのは、長崎の諏訪神社と同じように山の上にあり、長い石段を登ったところから海が見えるからでしょう。海の向こうにある祖国の中国に思いを馳せながらお参りしていたのではないかと思います。今は三世、四世の人たちになっていますが、多くの中国の方々が赤字の名前を記した提灯を社殿に掲げています」と。

拝殿には、中国の人たちのために、膝をついてお参りする跪拝台《きはい》が用意されていた。有名な「長崎くんち」は長崎の鎮西大社・諏訪神社の秋季大祭で、華僑の龍踊《じゃおどり》が人気の一つである。

諏訪神社は山の神で武運長久の神でもあり、狩猟採取の縄文時代からの日本の伝統が感じられる。安部宮司は「山に登ってくるので健康にいいのも、諏訪神社が愛される一つです」と付け加えた。

貿易商の両親が戦前、台湾から神戸に移住し、今の中央区で生まれた直木賞作家の陳舜臣は『神戸ものがたり』（神戸新聞総合出版センター）で諏訪山神社（諏訪神社の別称）について次のように書いている。

「境内に煉瓦づくりの焼却炉のようなものがみえる。ゴミ焼場とまちがえてはいけない。『紙銭《しせん》』を焼くための炉なのだ。

紙銭というのは、むかし中国で副葬品にほんとうの金銭を使ったのを、紙にかえたものである。約十センチ四方の紙で、中央に申訳ばかりの金箔や銀箔が刷りこんであり、祖先をまつるときなどにそれを焼く。冥土でもゼニが要るとみえて、そうして死者に金銭を贈るわけだ。日本の『今昔物語』にも紙銭の話はでてくるが、この風習は、日本には伝わらなかった。だから、もちろんこれは中国の風習である。

神殿のまえに、すこし傾斜した奇妙な台が置いてある。腰掛けではない。跪拝するとき、両膝をそこにつくための台なのだ。中国では、神にたいしては『一跪三叩頭《こうとう》』の礼をおこなう。一回ひざまずき、三回頭をさげる。死者には『一跪四叩頭』、皇帝や天地には『三跪九叩頭』ときまっているが、いずれにしても、ひざまずかねばならない。

中国ふうの跪拝の座具を置いている神社など、日本にはほかにはないだろう。」

かつてのように、参拝者の7~8割が中国人ということはなくなったそうだが、拝殿に掲げられた提灯には赤字で中国人の名や社名が記されていた。日本人の提灯の字は黒字なので、違いがすぐ分かる。神社には絵馬が奉納されるのが普通だが、ここでは献額がその代わりで、

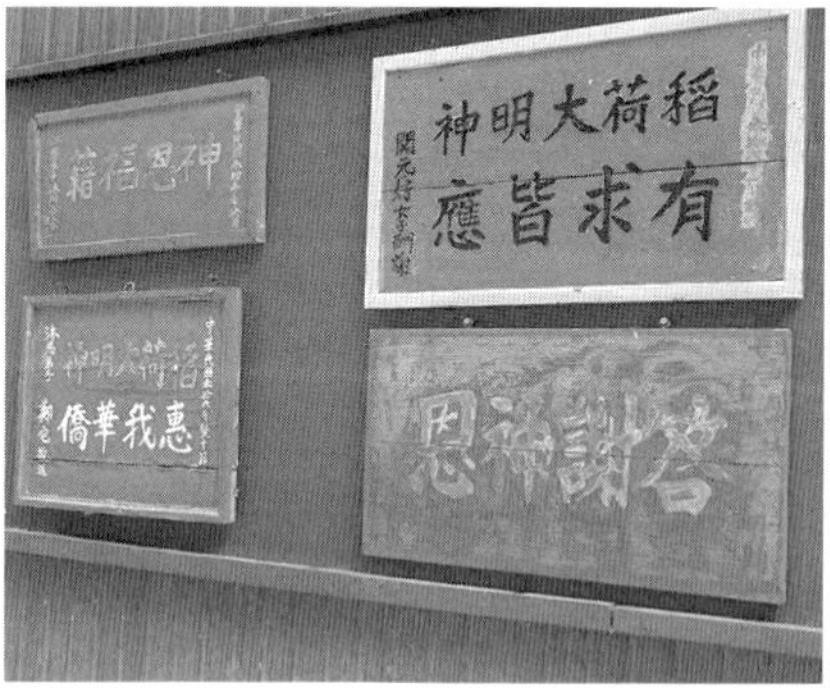

中国人が奉納した献額

「有求必応」（求めれば必ずかなえられる）「恵我華僑」（華僑をお守りください）「佑我中日従心」（日中友好を祈願）などの額が並んでいた。

陳舜臣は華僑が諏訪山神社を拝むのはコロニアル・スタイルだとして、同書に次のように書いている。

「神戸は明治以後、国内の各地、そして国外の各地から人間が集まった。彼らは人情として、やはり出身地の風習や生活方式に従いたかったが、いろんな関係で、ふるさとそっくりというわけにはいかない。妥協によって、一種のコロニアル・スタイルをいろんな面で生んだであろう。

だが、国内版のコロニアル・スタイルはいつしか溶け合って目立たなくなり、国際版だけが残った。コロニアル・スタイルとは、植民者が本国ふうに住居を建てようと思っても、風土や建築材料の関係で、全く同じものはつくれない。やむを得ず、現地の同類のものとだきょうする。それがコロニアル・スタイルなのだ。

諏訪山神社がその一例である。」

つまり、一種の混淆文化がコロニアル・スタイルなのであろう。

健康のため諏訪神社に足を運んだ外国人は中国人だけでない。ポルトガルの海軍士官として明治22年（１８８９）に初来日し、明治32年に日本にポルトガル領事館が開設されると初の在神戸副領事として赴任し、後に総領事になったヴェンセスラウ・デ・モラエスも、諏訪山一帯の散歩が朝の日課だったという。（新田次郎・藤原正彦著『孤愁』文春文庫）

モラエスも諏訪山から海を眺め、異国にいるポルトガル人特有の「孤愁」（サウダーデ）を噛みしめながら、遠い祖国に思いを馳せたのであろう。

本書の序に諏訪神社を取り上げたのは、同社が「海がつくった国際都市」神戸の象徴のように思えるからである。古代から現代まで多くの人が海を渡って神戸に来て、暮らすようになった。それぞれの技術や特性を生かし、生活を築いたのだが、当然彼らの多くはそれぞれの信仰を持っていた。家族や集団の絆を強め、共同体を維持するには、何らかの信仰が必要なのは、長い人類史が物語っている。

長崎から神戸に来た華僑の人たちも同じで、伝統的な儒教的・道教的な信仰を神戸の風土と融合させる必要があった。日本神話で言えば、国津神と天津神との和合である。その典型例が諏訪神社に見られるので、本書の冒頭に同社の祭礼を紹介した次第である。

1　1300年前から良港だった神戸

山と岬、島に囲まれ

神戸港が開港150年を迎えた平成29年（2017）2月18日と25日に2週連続で放送されたNHKの「ブラタモリ」兵庫県「神戸編」のお題は「神戸はなぜ1300年も良港なのか?」だった。ポイントの地を訪れながら、専門家の解説で地形・地質から地域の歴史を読み解いていく同番組は、面白くて説得力がある。

タモリさんら一行のぶら散歩は、神戸港を象徴する「メリケンパーク」から始まった。神戸港事業の一つとして、昭和62年（1987）にかつてのメリケン波止場と神戸ポートタワーが建つ中突堤の間を埋め立てて造成されたメリケンパークには、神戸海洋博物館やホテルオークラ神戸、神戸メリケンパークオリエンタルホテルなどのリゾートホテルがあり、ミナト神戸を代表する景観になっている。同番組放送の6年後、新型コロナウイルス感染症が5類に移行してからはインバウンドが回復し、中国人はじめ外国人観光客があふれるようになった。

メリケンパークの東側岸壁には神戸港震災メモリアルパークがあり、阪神淡路大震災によって被災したメリケン波止場の一部がそのままの状態で保存され、見学できるように整備されている。

メリケンパークの西側にある神戸ハーバーランドは、昭和57年（1982）に貨物駅としての営業を終了した旧国鉄の湊川貨物駅や川崎製鉄（現・JFEホールディングス）、川崎重工業など沿岸一帯の工場の跡地約23ヘクタールを再開発した市街地で、

メリケンパーク

平成4年（1992）に街開きされた。神戸モザイクなどの複合商業施設が集積し、都心にありながら郊外的な雰囲気で、約5000台の駐車場を備え、家族連れが車で来やすい設計になっている。これからの住みよいまちづくりの一つと言えよう。

クルーズ船に乗ってタモリさんら一行を案内した神戸海洋博物館担当の森田潔・神戸港振興協会（2019年より「神戸観光局港湾振興部」）参事は、神戸港が良港である理由として、大型船が通れる水深があり、淡路島や和田岬が潮流を、六甲山が西風を防ぐため波が静かで、陸揚げした荷物を輸送するのに便利な上、神戸・大阪という大都市の近くにあることを挙げていた。さらに六甲山の緑の山並みが、寄港船の船長らに称賛されているという。

神戸港震災メモリアルパーク

神戸港の客船ターミナルは水深が12メートルあり、海面下11メートル、16万トン規模の巨大な船舶まで着岸できる。瀬戸内海から30キロの近さにある六甲山には、大阪の淀川のように大量の土砂を海に運ぶ大きな川がなく、神戸港付近の海底は遠浅にはならないのである。これらの条件は、港の記録が残る奈良時代から変わっていない。

布引の滝の清流

神戸港が世界の良港とされるもう一つの理由は、急峻な六甲山から流れ出る水にある。「赤道を越えても腐らない水」として、世界の船乗りに愛されているからだ。

神戸の水が腐らないのは有機質が少ないから。さらにカルシウムやマグネシウムなどのミネラルの含有量が1リットル当たり30ミリグラムと適度に少ない軟水

神戸ハーバーランド

で、飲んでおいしい生活用水として、長い航海を支えている。

新幹線の新神戸駅から北へ500メートルという近さに、三大神滝の一つで、日本の滝百選にも選ばれている「布引の滝」がある。六甲山の麓を流れる生田川の中流にあり、上流から、雄滝《おんたき》、夫婦滝《めおとだき》、鼓滝《つづみだき》、雌滝《めんたき》と名付けられ、市街地の近くにあるのに清流であり、深山幽谷の気配を漂わせている。三大神滝のあと二つは、和歌山県那智勝浦町の那智滝、栃木県日光市の華厳滝だから、布引の滝の評価は高い。

古代から知られる布引の滝は歌に詠まれ、遊歩道にたくさんの歌碑が立っている。平安時代末期から鎌倉時代初期にかけての歌人で「小倉百人一首」の選者でもある藤原定家は「布引の滝のしらいとなつくれは　絶えすそ人の山ちたつぬる」と、平安時代初期から前

布引の滝の雄滝

期にかけての歌人で『伊勢物語』の作者とされる在原業平は「抜き乱る人こそあるらし白玉の　間なくも散るか袖のせばきに」と詠う。歌碑の歌を味わいながら歩くと、急な坂道も苦にならない。

遊歩道の奥には、川の流れを二つに分岐させる分水堰堤《えんてい》がある。豪雨に伴う洪水時には貯水池につながるゲートを閉めて流路を切り替え、大量の水が運んでくる有機質を含む砂はバイパスに流し、貯水池に入らないようにしている。水道水の水質を保つこの装置は、明治41年（1908）に完成した。

2章で述べる大輪田泊《おおわだのとまり》が確認できる最古の史料は奈良時代の740年頃だが、創建が201年と伝わる生田神社の話にも神功皇后が乗った船や、朝鮮からの使節を上陸させて接待する話が出てくるから、泊（港）の歴史はもっと古いことになる。

道が整備されていない古代の輸送は、陸よりも海や川が便利だったので、その拠点としての港の存在が古いのは当然であろう。縄文時代の人たちも、想像以上に舟で交易し、交流していた。そんな古代からの港の発展の歴史を、神戸に住む私たちは目の当たりにしているのである。

2　平清盛造成の平安ポートアイランド

大輪田泊を整備

神戸港の昔の名前は大輪田泊で、奈良時代に行基が開いたとされる播磨・摂津の五つの港（摂播五泊《せっぱんごはく》）の一つ。いずれも現在の兵庫県内にあり、ほかの四つは室生泊（たつの市御津町）、韓泊（姫路市的形町）、魚住泊（明石市大久保町）、河尻泊（尼崎市神崎町）。現在の神戸港西側の一部に当たる大輪田泊は12世紀後半、平清盛により大修築された。

日宋貿易の拡大を目指す清盛は、兵庫の山手にある福原に居を構え、そこから約2・5キロ南にある大輪田泊を整備して、大型船が入港できるようにし、福原に遷都した。当時、宋船が入港できるのは博多までで、663年の白村江《はくそんこう》（はくすきのえ）の敗戦以来、防衛のため都に近い瀬戸内海には入れなかった。権力を握った清盛は、その方針を強引に転換させたのである。

大坂の港にしなかったのは、淀川から流れ込む土砂で水深が浅かったのと、陸揚げの権利を東大寺が持っていたからだ。宋船の荷物を博多で積み替えた日本の船は、大坂湾で小さなはしけに荷を降ろし、陸揚げしていたが、朝廷はその権利を東大寺に与えていた。清盛は既得権益から自由な港を大輪田に開こうとしたのである。

大輪田泊は古代から中国や朝鮮の使節が立ち寄る港だったが、季節により南東の強風が吹いた。強風と荒波を防ぐには、沖合に突堤を築く必要があり、清盛はＪＲ兵庫駅の北にある塩槌山《しおづちやま》を切り崩し、その土砂で人工島を造ろうとした。

しかし、いくら石を積んでも波にさらわれ、工事は困難を極める。迷信深い貴族らが、海

清盛塚にある清盛像

神の怒りを鎮めるために人柱を立てるよう進言したが、清盛は聞き入れず、代わりに一切経を書いた経石を海に沈めた。それ故、この人工島は「経が島」と呼ばれ、現在も地名に残っている。12年にわたる大工事で、承安3年（1173）に大輪田泊は完成した。

当時、宋から輸入されていたのは、宋銭をはじめ陶磁器や絹織物、香料、薬品、装飾品、獣皮、硝子製品、硯や筆、絵画などの美術品や仏像、書籍で、中にはオウムもあった。対価として、日本からは銅や硫黄などの鉱物や木材のほか、日本刀などの工芸品が輸出されていた。それらが宋では貴重品だったからである。商品の交換が大きな利益をもたらすことは商人らに知られていた。

宋からの輸入品で日本経済に大きな影響を与えたのが、清盛が首飾りにもしていた宋銭である。日本の貨幣は708年の和銅開珎に始まるが、実際にはそれほど通用しておらず、商品交換の通貨としては、米や絹がもっぱら使われてきた。宋銭の導入で日本も貨幣経済に移行し、急速に発展していく。

平成24年（2012）の大河ドラマ「平清盛」に合わせ、神戸市に開設された「大河ドラマ館」に、福原と大輪田泊のジオラマが展示されていた。清盛の経が島は、平安時代の大規模プロジェクトで、清盛は国際貿易港神戸の生みの親でもある。だから、「驕れる平家」と評判の悪い清盛だが、神戸市民は昔から清盛を敬愛していた。

例えば、神戸市役所が大正14年に発行した『神戸市民読本』には、「彼（清盛）が先見の明に富み、勇断進取にしてあくまでも積極的に物事をやりとおすという点については、大いに吾人の学ばなければならぬところである」と記されている。神戸の清盛観は大河ドラマの清盛像に近い。

清盛は当初、この大規模公共工事を私費で始めた。領地や貿易からの利益を港湾整備に投じたのは、まだ地位が低く、朝議をリードする力がなかったからだ。高い冠位を貪欲に求めたのも、権力を手にして国の将来のため良かれと思う政治を行うためである。

神戸「ドラマ館」にあった福原・大輪田泊のジオラマ

今、大輪田泊の故地を歩くと、ほぼ埋め立てられ、工場などが立地している。古い港は運河となり、大輪田橋などの名称に痕跡を留めている。

神戸を離れるが、広島県呉市にある「音戸の瀬戸」は、本土と倉橋島の間にある幅70メートルの海峡で、宋の大型船が通れるよう、清盛が開削したと伝えられている。工事を1日で完了させようとした清盛が、沈んでいく夕日を扇で招くと、太陽が動きを止め、逆に天空に昇り、その日のうちに終えることができたという。

音戸の瀬戸を切り開いた清盛が、人柱の代わりに経文を書いた経石を海底に沈め、難工事を完成させたというのは、福原に築いた大輪田泊の「経が島」と同じ話だ。

音戸大橋を見下ろす高台に、小説『新・平家物語』の取材で昭和25年に当地を訪れた吉川英治が、倉橋島にある清盛塚に向けて「君よ今昔之感如何」と呼び掛ける文学碑がある。

吉川は昭和10年に連載を始めた『宮本武蔵』が人気を博したが、戦争を鼓舞する作品を書いたことへの悔恨から、戦後、筆を執れなくなってしまう。戦後知識人の軽薄な言動を見ながら、大衆作家としての自分の在り方を深く考えていたのだろう。執筆を再開したのは昭和22年の『高山右近』で、23年に『新・平家物語』の連載が「週刊朝日」で始まった。

吉川が描く清盛は、それまでの悪人イメージを一変させるもので、戦いを嫌いながらも、時代の流れの中で戦わざるを得ない、昭和の日本人を投影するものだった。戦後民主主義に偽善を感じ取っていた大衆は、人と歴史の実相を描く吉川の小説に共感し、「週刊朝日」は売り上げを驚異的に伸ばした。吉川が国民作家と呼ばれるようになったゆえんだ。

平清盛が行った大輪田泊の修築は、今で言うなら昭和41年（１９６６）から平成22年（２０１０）にかけて造成されたポートアイランドだろう。山が海に迫り、平地の少ない神戸市は、六甲山を切り崩し、その土で神戸港を埋め、人工島を造った。計画の最後が神戸空港である。人工島には工場やマンションが建てられ、その収入で造成工事を賄った。優れた都市計画だと評価され、「神戸株式会社」という言葉も生まれた。

福原京に遷都

大輪田泊近くにある清盛塚に立つ清盛像の顔は、好々爺のように穏やかで、海に向けて手を差し出している。「驕れる平家」という感じではない。

近くの和田神社は、修築事業の無事と福原の繁栄を願う清盛が、宮島の厳島神社から海の神である市杵嶋姫《いちきしまひめ》大神を勧請して創建したもの。今は街中にあるが、当時は海に臨んでいて、境内には弁才天も祀られている。

熱病に倒れ死線をさ迷った清盛は、奇跡的に回復すると、福原の建設に直進する。命の有限を実感し、残された時間を一番大切なことに使おうとしたのだろう。法華経を自ら写経し、厳島神社に納めるほどの信仰に、神仏が働いたのかもしれない。

それほどの思いで築いた福原を、清盛はこよなく愛した。仁安4年（1169）、福原に別荘を構えて以後、治承5年（1181）に64歳で没するまでの11年間、ほとんどここで暮らしている。都での政治と軍事は、長男・重盛ら息子たちに任せ、11年間で20回しか上京していない。しかも、用事を済ませると、すぐに福原に帰っている。彼の居場所は福原であり、福原にいてこそ生きる意味を感じたのであろう。

日宋貿易の利のためというと、経済感覚に優れた人物になるが、清盛像を見ていると、それよりも福原を故郷とし、その土になろうとした人という印象が強い。

福原の都は、大輪田泊を見下ろす山の手に築かれた。神戸大学医学部附属病院の西側、神戸市兵庫区に荒田八幡神社がある。清盛の弟・頼盛が山荘を構えた所とされ、後に孫・

安徳天皇の行在所になった所で、境内に「安徳天皇行在所址」と「福原遷都八百年記念之碑」の大きな石碑が建っている。

福原の故地から長い石段を登ると祇園神社がある。清盛はこの裏山から海を見下ろし、経が島築造の構想を練ったという。なるほど、境内から神戸市内と港が少し望める。当時は海が一望できたはずで、清盛にとって一番楽しい時間だったのではないか。

近くにあった鉱泉が湧き出る湊川上温泉は、別名「清盛湯屋」。清盛の住まいの一つがここにあり、湯に浸かっていたからだ。今も庶民の湯として、やすらぎを提供している。

川に沿って山すそを少し下ると、湊山小学校の脇に、雪見御所旧跡の石碑があった。揮毫したのは生田神社の田所千秋宮司（当時）。源平の時代、播磨から摂津一帯は清盛が管

雪見御所旧跡の石碑

轄し、八部郡《やたべのこおり》と呼ばれたこのあたりには、生田、長田、敏馬《みぬめ》の三社があったから、清盛も生田神社に詣でたことだろう。後に生田の森は源平合戦の戦場となる。

そこから山すそを西に歩くと、後白河法皇が幽閉された平教盛の別邸跡に、氷室神社がある。社殿の奥に回ると、冬に取った氷を夏まで保存した洞窟があった。

その南にある熊野神社は、清盛が王城鎮護のため、紀州から熊野権現を勧請して創建したもの。深い緑が海に迫る熊野は、古来、あの世への入り口のように思われ、日本人の信仰心をはぐくんできた。そこに、インド・中国渡来の観音信仰や、極楽往生を希求する補陀落信仰が混じり、独特なパワースポットを形成している。

福原に託した清盛の夢は、わずか半年で消えて

かつての大輪田泊辺りの築島水門

しまうのだが、今の神戸を歩くと、千年の時を経て、その夢が実現されている。神戸人でなくても、深い感慨が湧いてこよう。

清盛によって国際貿易港になった大輪田泊は、鎌倉時代に兵庫津《ひょうごのつ》と呼ばれるようになるが、活動は細々としたものであった。

室町時代になると、第3代将軍の足利義満は、博多商人より明との貿易が莫大な利益を生むことを聞き、明と国書を交わして、国交と通商の合意を成立させた。これにより、兵庫津は日明貿易の拠点となり、発展する。

江戸時代には北前船で国内航路が活発になり、兵庫津は最盛期を迎えた。幕末の頃には約2万人が住んでいたといわれる。大輪田泊には古代の山陽道が、兵庫津には江戸時代から山陽道が名前を変えた西国街道が接し、陸と海との接点を形成して古代からの物流の拠点だったのである。

3　源平合戦の戦場に

一ノ谷の合戦

平清盛が開いた福原や大輪田泊の遺跡があるのは、ＪＲ兵庫駅のあたり。そこから少し西に行った須磨駅の近く、須磨公園の一帯が、源氏との戦いで平家の敗北を決定づけた一ノ谷の合戦の戦場である。

木曽義仲に敗れた平家は、寿永２年（１１８３）７月に安徳天皇と三種の神器を奉じて都を落ち、拠点のある九州・大宰府まで逃れた。一方、後白河法皇は京の統治に失敗した義仲を見限り、鎌倉の源頼朝を頼ろうとしたため、激怒した義仲に幽閉されてしまう。寿永３年１月、源範頼《のりより》と源義経が率いる頼朝軍に攻められて義仲は敗死する。

こうして源氏同士が抗争している間に平家は勢力を立て直し、大輪田泊に上陸して福原に軍勢を進め、さらに京の奪回を目指す。これに対して後白河法皇は、平家追討と三種の神器奪還を命じる宣旨を頼朝に出した。その先陣を命じられたのが範頼と義経である。

寿永3年（1184）2月、範頼は大手軍5万6000余騎を、義経が搦手《からめて》軍1万騎を率いて摂津へ向かった。迎え討つ平家は、福原の東の生田口、西の一ノ谷口、山の手の夢野口に強固な防御陣を敷いていた。

義経軍は北から迂回して丹波路を進み、途中の平家軍に夜襲を仕掛けて撃破しながら山道を進撃した。そして、鵯越《ひよどりごえ》で軍を二分し、大半の兵を山の手の夢野口へ向かわせ、義経は70騎を率いて断崖を駆け下り、一ノ谷の平家軍を裏手から急襲した。山側を全く警戒していなかった平家は退却してしまう。

平家の主力が守るのは知盛や重衡が率いる東の生田口の陣で、これに範頼が率いる大手軍が挑み、壮絶な白兵戦が展開された。今の生田神社がある生田の森が主戦場である。やがて、一ノ谷から煙が上がるのを見た範頼は大手軍に総攻撃を命じ、知盛は必死に防戦するが、浮き足立った兵たちは海に向かって敗走してしまう。

安徳天皇や建礼門院らと沖の船にいた総大将の宗盛は、平家軍の敗北を見て、瀬戸内海を横切り、讃岐の屋島（八島）へと向かった。

一ノ谷の戦い後、範頼は鎌倉へ帰り、義経は頼朝の代官として京に留まり、畿内の治安に当たるようになる。後白河法皇は寿永3年7月、安徳天皇を廃し、三種の神器がないまま弟の尊成《たかひら》親王を即位させた。後鳥羽天皇である。この間、治安のために後白河法皇が義経を重用したことが、後に頼朝の不信を買うことになる。

敦盛の最期

『平家物語』で数多く描かれる戦の話の中でも、とりわけ人々の胸を打つのが一ノ谷の戦いにおける「敦盛《あつもり》の最期」である。17歳の美少年・敦盛は平経盛《つねもり》の息子で、笛の名手として知られていた。

須磨寺にある平敦盛と熊谷直実の騎馬像

源氏側の奇襲を受け平家側は劣勢になった。騎馬で海上の船に逃げようとした敦盛を、敵将を探していた熊谷直実《なおざね》が「敵に後ろを見せるのは卑怯でありましょう、お戻りなされ」と呼び止める。敦盛が取って返すと、直実は敦盛を馬から組み落とし、首を切ろうとした。

ところが、甲《かぶと》を上げると自分の息子と同じ年ごろの若武者だった。あわれに思った直実は、敦盛を逃がそうと思い、「名のらせ給へ。たすけ参らせん」と言うと、敦盛は「なんぢがためにはよい敵ぞ。名のらずとも頸をとって人に問へ。見知らうずるぞ」と答えた。

直実が振り返ると、味方の軍勢が近づいてきていて、もはや逃がすのは不可能だった。意を決した直実は、涙ながらに敦盛の首を切り落とす。

そして直実は嘆く。「あはれ、弓矢とる身ほど

須磨浦公園にある敦盛塚

口惜しかりけるものはなし。武芸の家に生まれずは、何とてかかるうき目をばみるべき」と。これが遠因となり、後に直実は出家し、浄土宗の僧になって、法然が生まれた備前国（岡山県）に誕生寺を建立する。

敦盛の最期は、後に能や幸若舞の『敦盛』の題材となり、織田信長が好み、本能寺での最期の場でも舞いながら吟じたとされる「人間五十年、下天のうちをくらぶれば、夢幻の如くなり。一度生を享け滅せぬもののあるべきか」は、幸若舞『敦盛』の一節である。

須磨寺には敦盛の首塚と、向かい合う敦盛と直実の騎馬像が、須磨浦公園には敦盛の供養塔とされる五輪塔がある。

4　朝鮮通信使が寄港した室津

徳川家康が再開

徳川家康は江戸幕府を開いてすぐ、戦乱で断絶した朝鮮国との国交を回復しようと、対馬の宗氏を通じて朝鮮に通信使の派遣を要請した。

朝鮮通信使の本来の趣旨は、室町将軍からの使者と国書に対する返礼で、1375年に足利義満によって派遣された日本国王使に対し、信《よしみ》を通わす使者として派遣されたのが始まり。当時の朝鮮にとっては日本の国情を探り、倭寇の取り締まりを要請することも重要な目的で、1596年までに6回派遣されている。

家康が通信使の派遣を要請したのは、何より江戸幕府を国際的に認知させ、承認を得て、諸大名に対する権威を高めるためである。しかし、豊臣秀吉の朝鮮出兵を受け、日本に対して疑念が強かった朝鮮は、1604年にまず探賊使（敵国の情勢を探る使者）として僧・惟政《ユジョン》を派遣した。家康は惟政に国交回復の意向を伝え、文禄・慶長の役で日本に連行された儒家や陶工などの捕虜1300人を帰国させている。これによって朝鮮は幕府を信頼し、通信使の派遣となったのである。

以後、1811年まで将軍の代替わりの祝賀などに12回派遣されるが、第3回までは捕虜の送還が主目的なので「回答兼刷還使《さっかんし》」と呼ばれ、第4回から朝鮮通信使となる。

室津に寄港

通信使一行約500人は漢城《ハンソン》（現・ソウル）から陸路で釜山に着き、そこから船で、対馬、赤間関（下関）、蒲刈、鞆（鞆の浦）、牛窓、室津などを経由して大坂に入り、淀川をさかのぼって京都で陸に上がり、以後はほぼ東海道を通って江戸に至る。江戸からの帰路、駿府城で一行を迎えた家康は、駿河湾を遊覧するなど接待に努めている。

三方を山に囲まれた室津は『播磨国風土記』に「此の泊　風を防ぐこと　室の如し　故

に因りて名を為す」と記され、古来、天然の良港であった。奈良時代には、行基により摂播五泊の一つに定められ、以後海の駅として栄えた。

高倉天皇に従い厳島神社に参拝した平清盛は室津に寄港し、賀茂神社に海路の無事を祈っている。讃岐に流される法然上人は、往き帰りの二度立ち寄り、足利尊氏は見性寺で戦の作戦を立て直し、孫の義満は厳島神社参詣のため寄港している。

１６０７年の第1回朝鮮通信使を室津で迎え、接待したのは姫路藩である。室津に入港した通信使船は、青地に赤色で「正」字を染め入れた正使船を中心に船着場に係留され、対馬藩の川御座船と大小さまざまな船が湾内を埋め尽くした。三使らは、迎賓館となった藩主の別荘、お茶屋に、中官は浄静寺に、下官たちは寂静寺、徳乗寺に宿泊した。姫路藩の迎接に、

朝鮮通信使小童図（一部、江戸中期、18 世紀、大阪歴史博物館所蔵）

正使趙は『海槎日記』に「牛窓、鞆の浦よりも全てにおいて勝り、正使付き添いの小童にまで饌果が出された」と記載している。

たつの市立室津海駅館・室津民俗館では、第5代将軍徳川綱吉の将軍襲職慶賀のため、1682年に来朝した通信使の正使を饗応した料理の複製が展示されている。

以後、朝鮮通信使を迎えた施設を利用して室津は国内有数の港町として発展した。1635年に参勤交代が制度化されると、九州、四国、中国地方の西国大名は海路を利用し、ここ室津から陸路で江戸へ向かった。明石海峡は遭難事故が多かったからである。大名行列は小藩で200人、大きな藩になると400人を数えたので、乗船・上陸地点の室津は賑わうようになった。さらに干いわしなどを満載した北前船も入港し、町は活

室津港

気に満ちるようになる。諸大名が宿泊する本陣が6軒、脇本陣を兼ねた豪商の邸、宿屋、揚げ屋、置屋などが軒をつらね、「室津千軒」と呼ばれた。しかし明治以降、陸上交通の発達により室津は衰退する。

鎖国政策の江戸時代の日本人にとって通信使は、あこがれの中国文化に触れることのできる数少ない機会であった。宿泊先には地元の文人墨客らが押し寄せ、筆談で漢詩や意見の交換をした。通信使一行には楽団や芸人も含まれていて、岡山県瀬戸内市牛窓には通信使をまねたとされる、朝鮮風の衣装を着た子供の「唐子踊り」が今も残されている。通信使がモデルになった人形や絵馬なども全国各地にあり、当時の日本人にとって珍しい異文化体験、国際交流だったことがうかがえる。

江戸時代の異文化交流

日韓の民間団体が共同で登録申請していた「朝鮮通信使」の資料が平成29年（2017）、ユネスコの「世界の記憶」（旧・記憶遺産）になった。これに先立ち、大阪歴史博物館で2016年2月から4月にかけて、特集展示「辛基秀《シンギス》コレクション　朝鮮通信使と李朝の絵画」が開催された。辛は研究のかたわら、まだ注目する人が少なかった通信使を描いた絵画などの収集を行い、同時代の朝鮮の民画屏風等を含め140点のコレクションをつくりあげ、全点が同博物館の館蔵品となっている。

明治以降、朝鮮通信使の存在は長らく忘れられていたが、1970年代後半から光が当てられ始め、現在では歴史の教科書に載るまでになっている。その朝鮮通信使研究をリードした一人が大阪在住の映画監督で研究者の辛基秀である。辛は昭和6年（1931）、在日一世の父親の故郷である韓国慶尚南道馬山市に生まれ、生後数か月で京都市右京区の嵯峨野に移った。苦学生だった父は無産者運動や朝鮮独立運動に身を投じ、警察に行動を監視されていた。辛少年は父親との接触は少なく、地元の嵯峨野小学校に入学し、日本人の子供たちと仲良く遊び、時代の空気から軍国少年に成長していった。日本の敗戦は韓国では光復で、朝鮮人たちが太極旗を振りかざす姿を見た当時14歳の辛は「京大や同志社、立命館の学生にも朝鮮人がたくさんいるのに驚きました。世の中がいっぺんに広がった気分でした」と回想していた。

神戸大学に進学した辛は大学院中退までの8年間の大半を学生運動に費やす。学生自治会の委員長としてレッドパージ反対闘争をリードする一方、朝鮮通信使への関心も芽生えた。その後、朝総連でドキュメンタリー映画の制作に携わっていたが、「イデオロギー対立から離れ、自由な立場で活動したい」と組織を離れ、朝鮮通信使の研究を本格的に始めた。

辛の関心は学術的な文献より絵画や書、人形、踊りなどの具体的な事象。それらは朝鮮通信使の影響が庶民レベルにも行き渡っていたことを示していた。その成果は、昭和54年（1979）に制作した記録映画『江戸時代の朝鮮通信使』となって結実した。

コレクションの中で辛が一番好きだったのは朝鮮通信使小童図。通信使一行の小童が、近づいてきた日本人の持つ紙に、馬上から揮毫している様子を描いた英一蝶《はなぶさいっちょう》の作で、通信使と日本人の交流が生き生きと表現されている。

5　海軍操練所や移民乗船の記念碑

海軍操練所顕彰碑と海軍営之碑

メリケンパークの手前にあるみなと公園には石碑が二つ並んでいる。海軍操練所顕彰碑と海軍営之碑で、「海軍営之碑」の字は徳川宗家16代当主徳川家達の、碑文は勝海舟の直筆である。海軍操練所顕彰碑には「第四代兵庫県知事陸奥宗光を讃える」として「海軍操練所に学び　のち　第四代本県知事となって　県政の礎を築き　後年伊藤博文内閣の外務大臣として難局に処した」と陸奥宗光を讃える文章が、その左側には「ここから明治維新に活躍した大人物が多数輩出している。この浜は新しい日本の発祥の地である」との文章が刻まれている。

神戸海軍操練所は、まだ神戸港が開港していなかった江戸時代の元治元年（１８６４）５月に、当時、江戸幕府の軍艦奉行だった勝海舟の建言により幕府が神戸に設置した海軍士官の養成機関で、慶応元年（１８６５）まで続いた。場所は、現在の中央区新港町周辺で、京橋筋南詰には神戸海軍操練所跡碑がある。

18世紀末から19世紀にかけて外圧が高まってくると、長崎海軍伝習所で3年間学び、海軍の重要性を理解した勝海舟は、幕府や藩の垣根を越えた、挙国一致の海軍を作りあげるという壮大な構想を描き、人材育成の必要性を説いた。そこで、操練所とは別に勝の私塾を作ることが許され、坂本龍馬を塾頭に陸奥宗光、伊藤博文など、後の日本を

海軍操練所顕彰碑（右）と海軍営之碑

担う若者が神戸に集まったのである。

　幕府の財政難から長崎伝習所が閉鎖されて3年後の文久2年（1862）、勝は軍艦奉行並に昇進し、翌年、海軍操練所建設掛にもなった。その建設用地として見つけたのが「船たで場」のある神戸村小野浜であった。船たで場とは、木造船に付くフナクイムシを退治し、腐食を防ぐために船底を焼くための乾ドックで、呉服商の網屋吉兵衛が、私財を投じて神戸村安永新田浜の入江に建設していた。網屋吉兵衛は神戸港築港の先駆者とされている。

　神戸に海軍操練所が開かれると、幕府の大坂船手組が廃止されて神戸に移管された。長崎伝習所に所属していた観光丸も大坂から神戸に移り、新たに米国製の練習蒸気船「黒龍丸」も配備された。

神戸海軍操練所跡碑

操練所には幕臣をはじめ諸藩の家臣や浪士、勝の私塾生らが公募により200人以上集まった。勝は血気盛んな若者たちの目を、佐幕か尊皇かの不毛なイデオロギー対立ではなく、航海練習を通して海外に向けさせようとしたのである。

しかし、元治元年（1864）7月19日に長州藩が京都へ進攻した「禁門の変」に、土佐を脱藩していた塾生が加わっていた責任を問われて、勝は軍艦奉行を罷免される。そして、翌1865年には、幕府の機関でありながら反幕府的だとして、神戸海軍操練所は閉鎖されてしまった。

それから100年後の昭和40年（1965）、神戸港の発展のさきがけとなった海軍操練所を記念して、記念碑が建てられた。錨のモニュメントには旧軍艦の錨が使われている。本を開いた形のモニュメントは神戸開港100周年の昭和43年（1968）に造られ、操練所創設の由来が書かれている。

通商を求めて異国船の来航が盛んになると、幕府は御所がある京都に近い大坂湾（摂海）の防衛のため、防衛拠点に砲台建設をそれぞれの藩に命じた。兵庫県内には和田岬、湊川、西宮、今津の4か所に近代様式の砲台が設置された。和田岬砲台は石堡塔部分が国指定史跡となり、湊川砲台は解体され、西宮砲台は円形土塁の石垣が国指定史跡となり、今津砲台は一石だけ記念碑として残されている。

移民船乗船記念碑

時代は飛ぶが、メリケンパークの一画に、「希望の船出」と題した神戸港移民船乗船記念碑がある。行先を示すかのように右手を挙げた少年と若い夫婦の銅像が当時の様子を物語っている。石川達三が昭和10年（１９３５）に第1回芥川賞を受賞した『蒼氓《そうぼう》』は、ブラジルに移民した貧農たちの悪戦苦闘の日々を描いた小説で、第一部の舞台が神戸の移民収容所である。「蒼氓」とは名もない群衆の総称で、社会派作家と

移民船乗船記念碑

呼ばれた石川の原点となった。

小説の始まりは昭和5年（1930）3月8日の神戸。「三ノ宮駅から山ノ手に向かう赤土の坂道」を駆け上がる人々の目的地は「国立海外移民収容所」で、行李や大きな風呂敷包みを背負った953人の涙と笑い、絶望と希望が交錯していた。

1929年、株価暴落によるアメリカの大恐慌は、日本にも飛び火し、昭和恐慌として人々を襲った。最大の被害を受けたのは、粟やひえなどを常食にしていた東北や北海道の農村で、地震や津波の自然災害も頻発し、冷害による凶作にも見舞われていた。絶望から人々は海外に一縷の望みを見るようになる。

日本からの海外移民は明治元年、ハワイとグアムに渡ったのが最初とされ、当時の政府は、貧困や人口増加を解決する国策として移民を奨励していた。1930年代はそのピークで、終戦直後にも一時増えたが経済復興に伴い減少していき、今ではもう遠い記憶になった。

6　東アジアから神戸へ「海の回廊」

古墳時代に大量の渡来が

令和5年（2023）12月6日に放映されたNHKフロンティア「日本人とは何者なのか」は衝撃的だった。これまで日本人のルーツは先住の縄文人と弥生時代の渡来人とが混血した「二重構造モデル」が有力だったが、富山市の小竹貝塚など縄文、弥生、古墳時代の遺跡から出土した人骨のゲノム（全遺伝情報）を解析した金沢大学のチームは、古墳時代にも大陸から大量渡来があったことを明らかにし、同大の覚張《がくはり》隆史助教は新たに縄文人＋弥生人＋古墳人の「三重構造モデル」を提案していた。

3世紀から7世紀までの古墳時代は日本の古代国家形成期で、倭国大乱などを経て大和王権が統一国家を形成した時代である。当時の大陸は戦乱が多発し、そこから逃れ、安全な地を求めて海を渡ったのであろう。中国古代史からして、彼らは既にそれぞれの宗教や文化、言語、技術を持っていた。多様で寛容な日本の宗教もそうした環境で形成されたのだろう。例えば、岡山県倉敷市にある弥生時代後期の王墓・楯築《たてつき》遺跡は前方後円墳の原点で、特殊器台祭祀により倭国大乱を鎮めたという。

約6万年前、アフリカを出たホモ・サピエンスは2万年前、東南アジアから北上し、日本列島に到達した。約9000年前までの縄文人は1000人程度の小さな集団だった。約2000年前の弥生人には中国の西遼河《せいりょうが》流域に暮らす北東アジアの集団との混血がみられ、約1400年前の古墳人はさらに東アジアの集団と混血していた。縄文人と北東アジアの集団、東アジアの集団をルーツとする古墳人の遺伝的特徴が現代日本人に引き継がれているのである。（篠田謙一著『新版日本人になった祖先たち』NHK出版）

上記番組に出演していた分子人類学者の篠田謙一・国立科学博物館館長は最後に、「これからゲノム解析したいのは古墳時代の人骨だ」と語っていた。

こうした分子人類学の成果は、東洋史学者で古代中国の資料に詳しい岡田英弘・東京外国語大学名誉教授が既に『倭国』（中公新書）で、「日本を創ったのは中国である。日本文化を創ったのは華僑である」と述べている。少し長いが、紀元前１００年頃からの倭国成立の概説を同書から引用しよう。

　日本列島に中国の商船が定期に来航するようになって、交易のために山から下りてきた人々や、浦々から集まってきた人々が、河口の船着き場に近い、ちょっと小高くなって増水期にも水没の心配のない所に聚落を作る。その人々の食糧を作るために、少し離れた山の谷間が開墾されて農園が出来る。やがて頭の回転が速くて中国語の弁が立つ原住民が、仲間と中国商人との間に立って斡旋するようになる。さらに取り引きの規模が大きくなり、参加する人数も多くなってくると、この仲介の機能が組織化されて、周りに囲いのある指定交易場が出現し、これを管理する世襲の酋長が出現する。このころになると、交易は港町だけに限られないで、そこから内陸へ、奥地へと伸びる交通路をたどって、中国商人から信用で借りた商品をかついだ原住民の行商人が、日本列島の隅々まで散っていき、物々交換で手に入れた商品を運んで再び港町にもどってくる。そのあいだ港町で待っている中国商人は、懇意な原住民の家に下宿したり、あるいは現地妻をもらったりして生活する。中国商人によそに行かれてはうま味がなくなるから、酋長は極力保護を加え、かたがた行動を拘束して、自分以外の原住民商人との間に抜け荷商いをさせないようにする。これによって奥地の村々は、交易のためには港町の酋長の言うことを聞かねばならなくなって、経済的にも政治的にも系列化されてくる。これが倭人の諸国の起源である。

紀元前一世紀の倭人の諸国は、それぞれ海岸や、河口や、大河の沿岸に陣取って、来航する中国の商船を迎え、後背地に対する商権を握り、時には帰り船に使節を便乗させて、漢の出先官憲や長安の皇帝に仁義を切り、自分の縄張りを認めてもらおうとしたのであった。前八二年に真番郡が廃止されると、漢の側からの貿易攻勢は弱まったはずだが、いったん始まった倭人の社会の都市化、中国化は止まらず、今度は倭人のほうからも、朝鮮海峡を渡り洛東江を遡って楽浪郡まで出かけていくことになる。それが『漢書』の「地理志」にはじめて現れる倭人の姿である。（同書44～45ページ）

倭国大乱と卑弥呼の擁立については次のようである。

黄巾の乱の余波で漢委奴国王の権威が失墜したあと、混乱に陥った倭人の諸国の間を調停して、鬼道に事える巫女卑弥呼を名目上の盟主とするアムフィクチュオニア（隣保同盟＝著者注）を作り上げたものは、諸国の市場を支配してたがいに連絡を取り合っている華僑の組織の力であったと考えなければ説明がつかない。ほかにそうした超政治的な力を持つものは考えられないからである。卑弥呼の即位は、中国皇帝の権威が消滅した時期に起こったことで、その点、倭人の自主的な政治的統一への第一歩であり、歴史的な意義が大きいが、それを可能にしたのは華僑であった。げに華僑こそは日本の建国者の先駆である。（同書105ページ）

吉備の温羅伝説

私が生まれたのは父・鋑次郎《りょうじろう》が宮司を務めていた岡山市北区の吉備津彦神社で、岡山市西部、備前国と備中国の境に立つ吉備の中山の北東麓に東面して鎮座している。吉備の中山は古くから信仰されてきた神体山で、北西麓には備中国一宮の吉備津神社が鎮座し、両社とも、当地を治めたとされる大吉備津彦命《おおきびつひこのみこと》を主祭神として祀っている。大化の改新後、吉備国が備前・備中・備後に分割されると、吉備津彦神社は備前国一宮とされ、中世以後は、宇喜多氏、小早川秀秋、池田氏など歴代領主に崇敬されてきた。

吉備津彦命は第7代孝霊天皇の皇子で、「四道将軍」の一人として西道に派遣されたとされる。吉備津彦命が吉備平定にあたり温羅《うら》という鬼を討ったという伝承がある。これによると、温羅が鬼ノ城《きのじょう》に住んで地域を荒らしていたので、吉備津彦命は犬飼健命《いぬかいたけるのみこと》・楽々森彦命《ささもりひこのみこと》・留玉臣命《とめたまおみのみこと》という3人の家来とともに討ち、その祟りを鎮めるために温羅の首を吉備津神社の釜の下に封じたという。この伝説が岡山県や香川県などに伝わる「桃太郎」伝説のモチーフになったとされる。

吉備津彦神社

岡山には二つの温羅伝説があり、吉備津神社の『吉備津宮縁起』には次のようにある。崇神天皇の時代、百済の王子・温羅が吉備国に飛来して新山に居城を構え略奪を行った。里人の訴えにより、大和朝廷は吉備津彦命に温羅討伐を命じた。吉備津彦命は吉備の中山に陣を構え、温羅を弓矢で攻撃し、温羅も城から弓矢で迎え撃ち、激しい戦いになった。傷を負った温羅が鯉に姿を変えて逃げたので、吉備津彦命は鵜に姿を変えて温羅を補えた。討ち取られた温羅の首は吉備津神社の御竈殿《おかまでん》の下に埋められたが、何年たってもうなり声が止まなかった。ある日、吉備津彦命の夢に温羅が現れ、「私の妻、阿曽媛に御竈殿の火を炊かせよ。釜は幸福が訪れるなら豊かに鳴りひびき、わざわいが訪れるなら、荒々しく鳴るだろう。」と告げた。これにより、御竈殿では毎年、その年が良い年かどうかを占う「鳴釜《なるかま》神事」が行われるようになった。

これに対して吉備津彦神社に伝わる『吉備津彦神社縁起』では、吉備津彦命と温羅が戦い温羅が敗れるところまでは同じだが、温羅は成敗されず、吉備津彦命に仕えて吉備国を治めたとされている。

孝霊天皇にまつわる日本最古の鬼退治の伝説があるのは鳥取県伯耆町《ほうきちょう》である。

楽楽福神社《ささふくじんじゃ》の由緒縁起によると昔、鬼住山《きずみやま》を根城に暴れ回っていた鬼の集団がいた。これを退治しようと孝霊天皇は南の笹苞山《さすとやま》に陣を張り、まず笹巻きの団子を三つ置いて鬼の兄弟の弟の乙牛蟹をおびき出し矢で射殺した。次に笹の葉を刈り取って山積みして風で飛ばし、兄の大牛蟹たちの体にまとわりつかせたうえで火を放つと、大牛蟹は蟹のように這いつくばって命乞いをした。大いに喜んだ里人たちは笹の葉で屋根を葺いた神社を作り、これが楽楽福神社の始まりという。

南北朝時代の14世紀成立した『神皇正統記』に、秦の始皇帝が長生不死の薬を求め、日本に徐福を派遣したのが孝霊天皇の治世だったとある。李氏朝鮮で1471年に書かれた『海東諸国記』にも孝霊天皇即位72年壬午、秦の始皇帝に遣わされた徐福が仙福（不老不死の薬）を求めて紀伊まで至り、死後に土地の人から神と崇められ祀られたとある。

孝霊天皇を含む第2代綏靖天皇から第9代開化天皇までの8代の天皇は、『日本書紀』『古事記』に事績の記載が極めて少ないため「欠史八代」と称され、治世の長さが不自然なことや、7世紀以後に一般的になる父子間の直系相続であること、また宮・陵の所在地が前期古墳の分布と一致しないことなどから、実在が疑問視されている。しかし、何らかの歴史的事実を背景として創作されたと考えるべきだろう。

当時の時代背景からすれば、温羅伝説も大陸・半島との交流から生まれたのであろう。交流には逃亡も含まれるが、多くは岡田英弘の言うように交易という経済活動であろう。青森の三内丸山遺跡を見ても、縄文時代は想像以上に舟による交易が盛んで、それはヒスイや黒曜石の分布で実証されている。それが弥生時代後期から古墳時代にもなれば、航海技術もさらに進歩していたはずで、商売熱心な中国人が日本列島に来ていたことは容易に想像できる。

もう一つ見逃せないのは、温羅が製鉄技術をもたらして吉備を繁栄させた渡来人だとする伝承である。吉備は「真金《まかね》吹く吉備」という言葉があるように古くから鉄の産地として知られ、阿曽媛の出身地の阿曽郷（鬼ノ城東麓）には製鉄遺跡も見つかって

鬼ノ城

いる。また、鬼ノ城から流れる血吸川の赤さは、鉄分によるものともされる。

灌漑設備を要する水稲も鉄製農具があったから可能になった農法で、水田の広がりと鉄器の普及とは軌を一にしている。各地の鉄の技術を持つ集団の氏神とも思われる神社が多くあり、その広がりは日本列島の水田の伝播を示している。

淡路島の西側海岸から3キロの丘陵地にある淡路市黒谷には弥生時代後期における列島最大規模の鉄器生産集落だった五斗長垣内遺跡《ごっさかいといせき》がある。遺跡は工房として使われた竪穴建物23軒から成り、うち12軒から鉄を加工した鍛冶炉跡が確認され、鏃《やじり》や鉄片、切断された鉄細片、朝鮮から輸入した鉄の素材の鉄鋌《てってい》など75点が出土している。石槌や鉄床石、砥石など鉄を加工する石製工具も出土している。住居ではなく、鉄器製作に特化した特異な遺跡である。

弥生時代後期の鉄器は古代国家形成の鍵の一つで、五斗長垣内遺跡は「倭国大乱」が起きた2世紀後半からの100年間に活動し、忽然と消えた。武器から農具まで鉄器の需要が減ることはないので、適地を求めて工房を移したのであろう。

近年、出雲や吉備などで遺跡や古墳の発掘が進み、弥生時代後期から古墳時代にかけての実態が明らかになりつつある。そこで注目されている一つが、２世紀中頃の墳丘墓群のうち、もっとも早い時期に築かれ飛び抜けた規模や内容をもっている倉敷市の楯築遺跡（楯築墳丘墓）である。発掘にもかかわった国立歴史民俗博物館の松木武彦教授は、楯築に埋葬されている人（王）は「吉備程度の領域の王にとどまるような存在ではなく、中国との関係を背景に列島一円に声望をとどろかせた人物とみていいでしょう。…さらには、のちのヤマト王権の王たちに記憶され、その古墳の要素や形に参照された地位者であったことは間違いありません」（２０２３年の「楯築ルネッサンス資料集」より）と述べている。

楯築遺跡は弥生時代後期（2世紀後半～3世紀前半）に造営された首長の墳丘墓で、直径約43メートル、高さ4、5メートルの不整円形の主丘に、北東・南西側にそれぞれ方形

五斗長垣内遺跡の竪穴建物の内部

の突出部を持ち、突出部両端の全長は72メートルあり、同時期の弥生墳丘墓としては日本最大級である。墳丘の各所から出土した土器片の多くが壺形土器、特殊器台・特殊壺の破片で、特殊器台祭祀が行われていたことを示している。

20世紀末までは、前方後円墳の母体は大和と吉備とされていたが、畿内にはその時期、有力者の墳墓は築かれておらず、大阪弥生文化博物館の禰宜田《ねぎた》佳男館長は「古墳出現にあたり、キャスティングボードを握ったのが吉備の勢力であったことに間違いはありません」と述べている。（前掲資料集）

それは、楯築遺跡から出土した特殊器台・特殊壺が箸墓古墳から出た埴輪の原型であることが明らかになったからで、楯築での特殊器台祭祀が2世紀後半の倭国大乱を鎮めたとされることから、卑弥呼の邪馬台国は吉備にあったとの説が岡山では高まっている。今の姫路市あたりで吉備国と境を接する播磨国は大和と吉備との接点に位置し、海路や山陽道を介して活発な往来があったであろう。吉備に生まれた私が播磨に移ったのも、歴史の導きなのかもしれない。

7　五色塚古墳と古代の海

東アジアから神戸へ

神戸市立博物館は平成22年（２０１０）、特別展「東アジアから神戸へ　海の回廊─古代・中世の交流と美─」を開催した。古来、東アジアにつながる瀬戸内海の港として栄えた神戸を中心に、古代から中世にかけての海をめぐる東アジアとの交流と、それによってもたらされ、生み出された文化の実体を展示しようとするものであった。

同展は３部門からなり、「海を支配した豪族」では、瀬戸内海で活躍した豪族の実像を、古墳から出土した船形埴輪や大陸から伝来した金属製品などで探っている。次に「海をめぐる武士と僧」では、日宋貿易を盛んにするため大輪田泊を整備した平清盛をはじめ、港湾の修築や港湾の管理に活躍した東大寺の重源《ちょうげん》や西大寺の叡尊、海上交通を介して広まった時宗や法華宗などの様子が展示されていた。最後の「海を越えて響きあう美の世界」では、インド・中国・朝鮮の美がどのように受容され、変容されたかをたどるもの。天然の良港を拠点に発展してきた神戸らしい展覧会であった。以下、同展の図録を参考にしながら、当時の神戸をたどってみよう。

五色塚古墳

神戸市垂水区五色山にある五色塚古墳（千壺古墳）は4世紀後半に築造された県下最大の前方後円墳で、墳丘の大きさは、全長194メートル、前方部の幅82・4メートル、高さ13メートル、後円部の直径125・5メートル、高さ18・8メートルで、周囲に周濠が巡らされていた。西隣に同時代の小壺古墳がある。明石海峡とそこを行き交う船を見下ろすような場所にあり、海上交通の要衝にあることから、海とのかかわりが深い有力者の墓と考えられている。

国指定の史跡で、神戸市が昭和40年から10年の歳月をかけて整備・再現した。3段に築かれた墳丘のうち、下段は地山を前方後円形に掘り残し、中段と上段は盛土している。下段の斜面には小さな石を葺き、中段と上段の斜面には大きな石を葺いている。中段と上段の葺石は『日本書紀』の記述通り淡路島から運ばれたもので、使用された石の総数は、223万個・総重量2784トンと推定される。墳頂と2段のテラスには、鰭付円筒埴輪・朝顔形埴輪など総数2200本が巡らされていた。

五色塚古墳は舞子公園の北東、旧有栖川宮邸庭園が庭に残されているシーサイドホテル舞子ビラ神戸の近くにある。墳丘墓に登ると明石海峡大橋が望め、古代と現代を同時に体験できる。

国内初とも言える巨大古墳の復元整備を構想したのは、当時、文化財保護委員会（現・文化庁）にいた考古学者・坪井清足《きよたり》である。同じ頃、建設省（現・国土交通省）で議論が

「前方」部に円筒埴輪が並ぶ五色塚古墳

始まっていた明石海峡大橋と、古墳の荒廃を嘆く地域住民の声から、古代技術の粋を集めた五色塚古墳と、現代技術の粋を集めた明石海峡大橋とを見比べられるようにしたという。

史跡公園として開園したのは昭和50年8月8日で、各地の史跡整備に大きな影響を与えた。明石海峡大橋が開通したのは23年後の平成10年で、年間3万人以上が訪れる観光スポットになっている。明石海峡大橋の手前に、近現代の日中交流を象徴する孫文記念館があるのも、歴史を一望する上で意義深い。

『日本書紀』によると、新羅征討から戻った神功皇后が、征討前に崩御した仲哀天皇の遺骸と誉田別尊《ほむたわけのみこと》（後の第15代応神天皇）をともなって大和に帰る際、いずれも仲哀天皇の皇子の麛坂皇子《かごさかのみこ》と忍熊皇子《おしくまのみこ》が、次の皇位が誉田別尊に決まることを恐れて皇后軍を迎撃しようとした。そして、両皇子は仲哀天皇の陵の造営のためと偽り、淡路島まで船を渡して石を運び、赤石（明石）に陣地を構築したという。この伝承について、明石の海沿いで「陵」と呼べる規模の古墳は五色塚古墳しかなく、古くより五色塚古墳がこの「赤石の山陵」に比定されている。

つまり、五色塚古墳は仲哀天皇の偽りの墓だというのだが、史料からして史実ではなく、古墳時代の当地の王の墓で間違いないとされている。もっとも、天皇の墓ではないので宮内庁の管轄ではなく、発掘調査できたのは幸いだった。

神戸市内の国史跡は6件で、東灘区の「処女塚《おとめづか》古墳」、灘区の「西求女塚《にしもとめづか》古墳」、中央区の「楠木正成墓碑」、兵庫区の「和田岬砲台」、垂水区の「明石藩舞子台場跡」、そして「五色塚（千壺）古墳・小壺古墳」である。

発掘で明らかになったのは、墳丘の各段と墳頂に円筒埴輪が列をなしてびっしり立て並べられていたことで、その数は推定2200本にもなる。五色塚古墳の円筒埴輪の特徴は、左右に一対の「鰭《ひれ》」が付いている「鰭付円筒埴輪」であること。墳丘に向かって鰭を平行にして隣の埴輪との鰭が接するか、前後に重なり合うように並べられており、内部の空間を遮蔽する強い意識が読み取れるという。しめ縄による結界と似ている。

埴輪列には、鰭付円筒埴輪5～6本に1本の割合で、鰭付朝顔形埴輪が規則的に配置されていて、存在感を際立たせている。古墳の上には円筒埴輪のレプリカが並べられているので、建設当時の風景を目の当たりにすることができる。海上から見る景色は壮大で、この地の王の力を感じたことであろう。当然ながら、そうした効果を狙う古墳であった。

古墳の副葬品の内容は、4世紀後半から5世紀にかけて、呪術に使う青銅鏡や装身具の玉などが姿を消し、最新式の武具や武器、鉄製の農工具や短冊形の板に規格化された鉄素材である鉄鋌《てってい》、中国や朝鮮半島からもたらされた金・銀・ガラスの装身具や装飾性の高い馬具などが増えてくる。こうした変化は、支配者が呪術性、神格性の高い人物から、武人としての要素が強い人物へと変貌していったことを示している。

これら副葬品から明らかなのは、鉄素材の安定的な確保が支配者の要件になったことで、武具や武器、鉄製農工具の生産による武力の向上と耕作技術の改善、土地開発の促進が進められたのである。大陸・半島との交流も、それら素材と技術、さらには文化の獲得が主目的で、次第に自立性を高めた支配者たちは、選択的にそれらを受容したものと思われる。

海をめぐる武士と僧

神戸市博物館の「海の回廊」展2の「海をめぐる武士と僧」について、平清盛の大輪田泊の整備については既に述べたので、現在では意外に思われる僧の活躍について述べてみよう。

公共事業を行った僧としては、東大寺造立にかかわった行基が有名である。インドとは異なり、日本では最初から朝廷の保護の下に受容された仏教は護国仏教として発展し、多くの僧が官僧つまり国家公務員であった。それに対して行基は自分で出家した私度僧《しどそう》で、民間人として活動した。大乗仏教の特徴である利他行（作善）である。渡来系の技術者集団を率いてため池など灌漑設備を造るほか、街道や宿場を整備しながら、人々が集まる巷などで布教したのである。

行基が開いたとされる寺や池、から風呂などが各地にあるのは、空海と同じで面白い。多くの民衆が行基に従うことで徳を積むことができると思い、それら公共事業に参加したのであろう。その行基が生まれたのは今の堺市である。

行基は天智天皇7年（668）、父・高志才智《こしのさいち》、母・蜂田古爾比売《はちだのこにひめ》の長男として、家原寺《えばらじ》で生まれた。家原寺の境内には「行基生誕の地」の石碑が立っている。高志氏はもと越氏と称し、越後国から和泉国に移住した一族で、越氏は百済国から来朝した漢系渡来人王仁の子孫である西文氏の一族とされる。百済系渡来人の子孫とする文献もあり、いずれにせよ行基は渡来系氏族である。

15歳で出家し、入唐して玄奘の教えをうけた僧・道昭《どうしょう》を師とし、法相宗に帰依。24歳で受戒し、初めは法興寺に住し、後に薬師寺に移ったが、やがて山林で修行し、呪力や神通力を身に付けた。37歳で山を下り、布教を始めたという。

７１０年の平城京遷都の頃には、過酷な労働から逃亡民が発生し、彼らの多くが行基のもとに集まり私度僧になった。僧になると税を免れるからである。７１７年に行基は、「小僧の行基と弟子たちが、道路に乱れ出てみだりに罪福を説いて、家々を説教して回り、偽りの聖の道と称して人民を妖惑している」と糾弾され、布教活動を弾圧されたが、集団は拡大を続けた。７２２年には平城京に菅原寺を建て、以後は役人や商工業者にも信者を広げている。

７２３年に出された三世一身法《さんぜいっしんのほう》で、自発的な開墾が奨励されると、行基の活動は急速に発展し、声望が高まったので、朝廷もその影響力を無視できなくなる。朝廷は７３１年に、高齢の優婆塞《うばそく》や優婆夷の得度を許し、７４０年頃までには行基を薬師寺の高位の僧に認めた。以後、新京造営や大仏建立などの事業に行基とその弟子が参加するようになる。

行基を尊敬した聖武天皇は７４５年に、異例の日本初の大僧正に任じた。７４７年には、光明皇后が天皇の眼病平癒を祈り、行基らに命じ新薬師寺を建立している。行基は７４９年に聖武天皇に戒を授け、82歳で遷化し、遺言により火葬に付された。朝廷より菩薩の称号が下され、以後「行基菩薩」と呼ばれるようになる。完成した大仏の開眼供養の導師を務めたのは、行基が中国から迎えたインド僧・菩提僊那《ぼだいせんな》である。

堺市は第15代応神天皇から第25代武烈天皇までの、いわゆる河内王朝があったところ。応神から武烈まで11人の天皇のうち８人の陵墓が堺市をはじめ羽曳野市、藤井寺市にある。巨大な王陵を築いた河内王朝はその前の三輪王朝を凌いでいたであろう。世界最大の大仙陵古墳（仁徳天皇陵）は、築造に日に２０００人を動員して40年かかると推定されるほどだ。

王朝が大和から河内に進出したのは、当時、激動期にあった朝鮮半島の情勢を踏まえ、また当地に住んでいた高い土木技術を持つ渡来氏族の取り込みを視野に入れてのことであろう。彼らの協力を得て王権は強大になっていく。

応神天皇、神功皇后などを祭神とする百舌鳥《もず》八幡宮も、河内王朝の名残を伝えている。樹齢８００年の天然記念物の楠が社殿を覆っていた。境内の池に水天宮が祀られ、祭神に住吉大神がいることから、海とのかかわりも強いことが分かる。

古代の大輪田泊は785年に淀川と大阪府北部から兵庫県東南部を通る神崎川が水路で結ばれることで、瀬戸内海から京への重要な航路になった。行基に関する記録では、大輪田泊を含む兵庫県下の五つの港、摂播五泊が登場し、大輪田泊にも清盛の前に行基がかかわっていたと思われる。

平氏滅亡後、大輪田泊や魚住泊（明石市）、一洲《いちのす》（尼崎市）の改修を行ったのが、東大寺の再建に手腕を発揮した重源である。当時の仏教は宗教にとどまらず医療や建築、音楽も含む文化の総合学であり、とりわけ現世における衆生の救いを旨とする大乗仏教の僧が、今でいう公共事業に乗り出したのは自然であろう。

重源が瀬戸内海の港を整備したのは、今の山口や広島、岡山県から東大寺再建に使う用材などの物資を円滑に海上輸送するためでもあった。当時、東大寺は大坂の港を管理し、交易の税を徴収していたので、主目的はそちらにあったといえよう。結果的には、清盛に続く重源によって神戸港の基礎が築かれたのである。

瀬戸内海の水運が盛んになると商人らも活躍するようになり、弘安9年（1286）には亀山上皇の肝いりで、善通寺の大改修のため、清盛が築いた兵庫島（経が島）からその費用を徴収するようになる。鎌倉時代末期には、期間を限定しない関が兵庫島に設けられて関料が徴収され、港湾の整備に充てられるとともに、東大寺や興福寺の権益になったため、利害の対立が起こるようになる。

奈良時代の日本仏教を世界水準に高めたのは、失明しながらも5回目の渡海で来日し、戒律を伝えた鑑真和上である。戒律の「戒」は倫理・道徳、「律」は罰則を伴う法律で、これにより日本仏教にも基準が定められた。

その戒律を復興《リバイバル》させたのが真言律宗の西大寺の叡尊などで、日本仏教は社会変動の中で釈迦への「原点回帰」により革新を繰り返してきたのである。

戒律を厳しく護持した叡尊は、民衆の救済にも手を伸ばし、支配層から民衆まで幅広い帰依を受けるようになる。そして石工集団などの職能集団と連携し、道路や橋の修築などの社会事業や衰退した寺院の復興に取り組んだ。その一つとして港湾の修築と運営にも携わっている。

弘安4年（1281）に神戸周辺を訪れた叡尊は、安養寺で遊女ら1700人に斎戒を授け、石塔供養を行っている。その石塔が清盛塚十三重石塔で、叡尊の布教の一環として宇治橋などに造立された十三重石塔の一つである。
叡尊の弟子の忍性《にんしょう》も、東大寺勧進職に就くと、重源以来の勧進組織を利用して、活発な勧進活動を展開し、特に瀬戸内海の交通の要衝で、社会事業を行っている。忍性に続いたのが琳海や安東蓮聖《あんどうれんしょう》、定証《じょうしょう》らで、西大寺流律宗は畿内から瀬戸内、九州にまで伸長していったのである。

　鎌倉仏教の最後に登場し、念仏を民衆に広めた時宗の宗祖・一遍《いっぺん》も神戸に大きな足跡を残している。伊予水軍・河野通広《かわのみちひろ》の次男に生まれた一遍が時宗を開いたのは、蒙古襲来に鎌倉幕府はじめ日本中が怯えていた1275年のこと。男女の別や信心の有無さえ問わず、念仏を唱えれば誰でも救われると説き、阿弥陀如来に救われた喜びを踊りに表現したことで「踊り念仏」とも呼ばれ、全国の武士や農民に広まった。

清盛塚十三重石塔

河野氏は源平合戦では源氏に付き、壇ノ浦の戦いで活躍して所領を得たが、承久《じょうきゅう》の乱では朝廷に付いたため、伯父らは信濃国に流され、幕府方にいた一党のみが残り、かつての勢いは失われた。父の命で出家した一遍は、大宰府で法然の孫弟子に学び、各地で修行する。25歳の時に父の死を受け還俗して伊予に帰り、家を継いだ。

しかし、一族の所領争いが原因で32歳にして再び武士を捨て、信濃の善光寺などで修行。1274年に遊行を開始し、四天王寺や高野山を巡りながら「南無阿弥陀仏」の念仏札を配り始めた。紀伊で僧に念仏札の受け取りを拒否され大いに悩むが、参籠した熊野本宮で、阿弥陀如来の現れとされる熊野権現から、「信不信をえらばず、浄不浄をきらはず、配るべし」との夢告を受けた。そこで念仏札に「決定往生《けつじょう》／六十万人」と追記し、これが後に時宗開宗とされる。60万人とは全ての人の意味。踊り念仏の開始は1279年、信濃国でのこと。一遍が鉢を打ち鳴らすと、集まった人たちが自然に踊り始めたという。

陸奥国にある祖父通信《みちのぶ》の墓参りの後、1282年に約30人の集団で鎌倉に入ろうとしたが幕府に拒否され、片瀬の浜で念仏踊りを披露した。『一遍聖絵』には建物の中で踊る様子が描かれているので、鎌倉武士の間にも支持者がいたのだろう。

その後も各地で布教しながら、15年半の遊行を50歳で終えたのは、今の和田岬に近い兵庫津の観音堂（現・真光寺）である。

一遍は教団を組織せず、寺も建てず、教義も体系化しなかったが、弟子の他阿真教《たあしんきょう》が神戸市北区の丹生山で教団を組織し、一遍の13回忌に影像を安置した御影堂で法要を営み、近くに五輪塔を建て、その地に後に兵庫道場真光寺が建立されたのである。神戸市兵庫区の薬仙寺や尼崎市の善通寺など港町には時宗の古刹が多い。

戦に敗れ美濃から越前に逃れてきた明智光秀が頼った称念寺（福井県坂井市）も時宗の寺で港が近く、光秀は時宗のネットワークを使って京と往来していたという。時宗の僧は従軍僧として武将の戦いぶりを記録し、亡くなると供養し、傷つくと治療していたので、光秀も彼らから薬草や医療の心得を学んだのであろう。それが後に、将軍足利義昭に

真光寺

仕えるきっかけになった。

延慶元年（1308）には東大寺に「兵庫経ケ島升米」が寄進され、港湾の修築費の余剰分を東大寺の収入とする特権で、実質上、港湾の管理運営が東大寺に任せられることになった。しかし、恒常的な関の設置は商人や流通業者をはじめほかの寺社との間に軋轢を生み、いわゆる「悪党」の襲撃を受けるようになる。幕府の記録によると、悪党の筆頭には、金融に携わっていた比叡山の僧もいたという。流通経済の発達が社会を変えていたのである。

日蓮に始まる法華宗は東国中心に広まったが、弟子の日像《にちぞう》が京に入り、朝廷の公認を得て布教するようになると、現世利益を求める商人ら町衆の間に急速に広まった。『法華経』を一乗とする日蓮は「真言亡国、禅天魔、念仏無間、律国賊」と他宗を激しく批判したことから宗派対立が起こり、日本初とも言える宗派紛争「法華一揆」となった。天文年間のことなので、日蓮宗からは「天文法難」、ほかの宗派からは「天文法華の乱」などと呼ばれている。

法華宗の勢いは瀬戸内にも及び、尼崎市の本興寺の日隆らの活躍で兵庫、堺、牛窓、草戸、鞆、尾道などに法華寺院が開かれていく。阿波を本拠とし、織田信長に先立つ天文18

年（1549）に畿内政権を立てた三好長慶《ながよし》も、港湾都市の法華信徒を掌握することで、短期間ではあったが三好政権を樹立したのである。

神戸に根付いたインド・中国の仏教

神戸市西区にある天台宗の太山寺《たいさんじ》は神戸を代表する古刹で、本堂は神戸市内唯一の国宝建築である。『播州太山寺縁起』によれば、元正天皇の勅願寺として霊亀2年（716）に藤原不比等の三男・宇合《うまかい》が堂塔伽藍を建立し、若くして出家し、遣唐使とともに学僧として唐に渡った鎌足の長男・定恵《じょうえ》が開山として礎を築いた。同寺に所蔵される両部曼荼羅は、インド・中国で失われた密教の世界を今に伝えている。

神戸市垂水区にある高野山真言宗の転法輪寺《てんぽうりんじ》は、平城天皇が即位の後、病気になり、大同元年（806）に在原行平が平癒を祈願して建てた勅願寺であると伝わる神戸最古の寺。同寺の天部形立像は、インドの神である大部が日本の神になったことを物語っている。

釈迦は生老病死の四苦の原因が煩悩にあることから、修行により煩悩を否定することで悟りに至れるとした。つまり、仏教は否定の思想である。それに対して高野山大学名誉教授で高野山清涼院住職の静慈圓師は、「密教は肯定の思想である」という。（『仏教は現代人への救いとどう向き合うのか』セルバ出版）

煩悩は生きている限りなくすことはできないので、大乗仏教の最終ランナーである密教は、煩悩の生かし方を考えた。悟りの世界に生まれた私が、煩悩に気づき肯定しながら生きていく、煩悩即菩提の教えである。「即身成仏」を唱えた空海は、「仏の教えは、遥かかなたにあるものではない。我々の心の中にあって、まことに近いのである」と、「悟りを求める心を起こすと同時に、悟りに到達している」とも語っている。

そうして密教はヒンズー教の神々を取り込んだのだが、ヒンズー教から言えば、仏教を取り込んだことになる。事実、インドではその後、仏教は徐々に衰退し、12世紀のパーラ朝の崩壊とイスラム勢力のインド進出と征服により、ほぼ消滅してしまう。そうなった理由は、支持者たちの大部分が禁欲的共同体にいて、社会に強い根を張っていなかったからだとされる。ヒンズー教はブッダをヴィシュヌ神の化身とすることで大乗仏教を吸収し、以後、仏教をヒンズー教の一宗派として扱うようになった。

密教は中国に渡って発展し、最澄と空海が唐に入った頃には最先端の仏教として尊重されていたのだが、その後、皇帝が道教を選んだことで「会昌《かいしょう》の廃仏」などの大規模な迫害にあって衰退し、やがて消滅してしまう。そのため、インド密教が残されているのはチベットと日本だけで、今、密教が復興しつつある中国でも、本格的に学ぶには高野山に来るしかないというほど。インド・中国で失われた密教が、日本で今に生きる教えとして学ばれ続けているのは、世界にとって実に貴重なことである。

平安時代の８９４年に、唐の乱れや渡航の困難を理由に菅原道真の進言で遣唐使が廃止され、国風文化が栄えるようになると、中国伝来の仏教美術は次第に衰退するようになる。しかし、武家政権が始まった鎌倉時代になると、宋から導入した仏教美術が再び花開くようになった。これは新興勢力である武士が、従来の公家や天台宗・真言宗に対して、臨済宗を通して中国の最新様式を導入することで、文化の担い手でもあることを示そうとしたからである。鎌倉幕府第5代執権・北条時頼は建長寺の開山に南宋からの渡来僧・蘭渓道隆を迎え、中国風の寺院につくりあげている。それも京への対抗心からであろう。神戸の寺院でも、そうした時代の側面を見ることができる。

8　神戸は国際宗教都市

生田神社の由来

生田神社は大河ドラマ「光る君へ」にも登場している清少納言が『枕草子』に「森は糺《ただす》の森、信太《しのだ》の森、生田の森」と書いたように、生田の森は古来有名で様々な書物に記され、源平合戦では大戦場となった。

日本列島はまさに災害列島で、伝承によると、生田神社は元は今の新神戸駅の少し北の砂山《いさごやま》にあったのが、水害に見舞われ、松の木が倒れて社殿を壊したので、刀祢七太夫《とねしちだゆう》という神主が御神体を背負い、安全な今の土地まで運んできたという。

それ以来、生田神社では松がタブーになり、正月にも門松ではなく、杉の枝で作った杉盛《すぎもり》を立てることになっている。今も境内には松の木は一本もなく、昔あった能楽堂の鏡板にも、松の代わりに杉が描かれていた。

生田神社は、私の知るかぎりでも、わが家が岡山の吉備津彦神社から神戸に移ってきた2年後の昭和13年に阪神大水害に見舞われた。昭和20年には米軍機が投下した焼夷弾で社殿や社務所を焼失し、平成7年の阪神・淡路大震災では拝殿や石の鳥居が倒壊した。その都度、不死鳥のように復興したことから、「蘇りの神」と呼ばれるようになったのである。

『日本書紀』には神功皇后が朝鮮半島への遠征の帰り、難波の港に入ろうとしたが船が進まなくなったため、今の神戸港で神占をしたところ、稚日女尊《わかひるめのみこと》が現れ、「私は活田長峡国《いくたながおのくに》におりたい」と言われたので、海上五十狭茅《うながみのいさち》を神主として祀られたと書かれている。これが生田神社の始

生田神社

まりで、海上家は初代の社家になった。稚日女尊は天照大神の妹神、あるいは和魂《にぎみたま》とされ、また、事代主命が「自分を長田国に祀れ」と言われ、祀ったのが長田神社である。

生田神社の二の鳥居を入って左側に、海上安全・交通安全・方位除け・道開きの末社・大海《だいかい》神社があり、御祭神は猿田彦命である。漁師や海運に携わる者たち、海を支配する豪族がいたところに、文化の高い神が来て、いわば地主の神を征服したのではないか。大海神は地主の神であり、稚日女尊は天孫族の天津神で、伊勢神宮にも、天照大神を祀る内宮の近くに猿田彦神社がある。これも、土俗の神である猿田彦のところに天津神が来られたからであろう。

境内を巡るだけでも日本の古代史が分かるのは、他の古い神社でも同じで、神社には日本の歴史が刻まれている。

稚日女尊は、高野山北西の天野盆地に鎮座する丹生都比売《にうつひめ》神社の丹生都比売大神と同じとの説もあり、その説の人たちは、生田神社も丹生都比売神社の系列にあるとしている。丹生都比売神社は空海が高野山に金剛峯寺を建立するときに社領を寄進したと伝わる、古くから高野山とゆかりの深い神社である。

生田神社には明治まで、海上、村田、後神《ごこう》という三つの社家があった。生田神社を支える家・神戸《かんべ》として44戸が定められ、神戸村ができたのが今の神戸の発祥である。

鳥居を挟んで大海神社の反対側に、酒造・農工業の神を祀る松尾神社がある。神戸は灘の酒が有名で、平安時代の『延喜式』には、新羅からの客人に神酒を供するため、大和国の片岡神社、摂津国の広田・生田・長田神社から合わせて200束の稲を生田神社へ贈り、生田の神主が醸造し、敏売崎《みぬめざき》で振る舞った、と書かれている。片岡神社は遠隔地だが、中臣氏と関係が深く、酒を配る神が祀られている。

新羅からの客人に神社で醸した酒を振る舞ったのには二つの理由があった。一つは饗応で、もう一つは外国の客が日本に上陸する際の祓え、今でいう検疫である。生田神社はそうした外交の役割を担う酒造りの神でもあった。

生田神社の境内にある大海神社

古代の鉄と神々

住吉大社宮司を務めた真弓常忠・皇學館大学名誉教授の『古代の鉄と神々』（ちくま学芸文庫）は鉄・製鉄技術の歴史から見た神社史として興味深い。そもそも日本が海を渡って新羅に侵攻したのも、新羅に豊富な鉄を得るためであった。

灌漑設備を要する水田稲作や巨大な古墳の造成を支えたのも鉄製の農具や工具であり、砂鉄や鉄鉱石などの資源と製鉄技術なしにはあり得ない。鉄は錆びて消滅してしまうので、古代遺跡から発掘されることは少ないが、弥生時代から古墳時代にかけての古代国家形成を支えたのは、武器をはじめ鉄器であった。

姫路市の中心に播磨国総社の射楯兵主《いたてひょうず》神社がある。祭神は射楯大神（五十猛尊）と兵主大神（伊和大神、

射楯兵主神社

大国主命）で、射楯神と兵主神は全国各地に分布しているが、二神が併せて祀られているのは同社だけである。

「射楯神」とは「作刀者」と推定され、「韓鍛冶」と称した帰化系製鉄技術者の奉祀する神であるという。射楯神は出雲に多く祀られており、砂鉄によるたたら製鉄という新しい技術者集団が渡来したことを示している。

それに対して、弥生時代から行われていたわが国の製鉄は、砂鉄や水辺の葦の根元に付着した褐鉄鉱の団塊を使った倭鍛冶《やまとかじ》であった。弥生式土器を焼成する７００～８００度の熱で可鍛鉄（還元鉄の塊）を得られ、それを再び過熱し、再三打つことで小さな鉄製品を作ることができた。古墳時代中期まで、こうした原始的な製鉄が行われていたという。彼らは古い製鉄技術をもって農耕に従事し、オオナムチ（大国主）の神を奉じていた。

そこへやって来たのが、新しい製鉄技術を持ち、アメノヒボコ（天日槍）を奉じる勢力で、古い文化と新しい外来の文化が播磨を舞台に争ったのである。『播磨国風土記』によると、伊和大神の名で語られる保守的文化が外来文化を押し返している。土着の民による製鉄技術がかなり進んでいたので、外来の技術を採用する必要がなかったのであろう。

もっとも、倭鍛冶だけでは満足な製品が得られなかったので、韓鍛冶の新しい技術の導入も必要であった。『播磨国風土記』によると、韓鍛冶には百済系と新羅系の技術者集団があり、倭鍛冶も彼らの技術と文化を受容し、融合しながら新しい文化を築いていったという。

真弓師は修験道の発祥も鉱物資源と密接にかかわっているという。

「修験道は、じつは高山幽谷に鉱床や鉄砂を求めて探査して歩いた、採鉱者集団の宗教ではなかったか。かれらがきびしい苦行・練行を課するのは、山野を跋渉する体力・気力を鍛えるとともに、何よりも霊力を得て、地中にひそむ資源を発見するためである。

霊能を発動させるのは呪術である。修験道は霊能の宗教であり、呪術の宗教である。土から金を採り、火を用いて精錬し、農具や武器を作ることができるのは大いなる呪術であった。製鉄そのものが、本来シャーマニズムと深く結びついていたのである」（前掲書）

修験者の行場になった地の多くは、鉄をはじめ鉱物資源が豊富な中央構造分離帯に沿って存在し、宗教も実利に基づいて発生していたことが分かる。行基や重源が社会事業を通して布教の実を得たのも、日本の宗教史からは正統な道であった。

神仏習合の日本の宗教

近年、発掘が進んでいる縄文遺跡などからも推測できるように、恵まれた自然環境の中で日本人は、自然と親和的な精神文化をはぐくんできた。その上に仏教を受容したので、江戸時代まではいわゆる神仏習合が日本人の自然な信仰であった。明治元年（１８６８）、神社から仏教色を排除するために神仏分離令が出され、それに伴い廃仏毀釈の嵐が吹き荒れたが、日本の家庭には神棚と仏壇のあるのが一般的で、今も伝統的な地域や家庭ではそうした信仰が継承されている。

わが国には神や仏の聖地が数多くあり、山川林野に神は鎮まり、仏が宿っている。聖地は神と仏との出会いの場で、人々は神や仏を求めて山岳や辺地で修行し、神社や寺院に参詣してきた。そのような聖地が特に紀伊、大和、摂津、播磨、山城、近江などの諸国に集中している。これらの地には、わが国の本宗と仰ぐ伊勢の神宮をはじめ歴史ある22の神社や南都各宗、天台、真言、修験などの寺院が建立され、その後、浄土宗、浄土真宗、禅宗、日蓮宗など鎌倉新仏教諸宗派が栄えた。そして伊勢神宮や熊野、高野への参詣、西国三十三観音霊場巡礼、各宗派の宗祖聖跡巡礼などが時代を超えて行われている。西国、近畿は神と仏の一大聖域で、悠久の山河と信仰の歴史に刻まれた祈りの道があり、これら神社や寺院への参詣、巡拝、巡礼は多くの史書、参詣記、巡礼記、道中記の類に記されている。こうした由緒深い神仏が同座し、和合する古社や古刹を中心とする聖地を整えようとして平成20年（２００８）に設立されたのが「神仏霊場会」である。

同年９月８日には、神仏霊場会発足の奉告祭と神宮正式参拝が伊勢で行われ話題になった。皇學館大學記念講堂で行われた奉告祭は私が斎主を、東大寺長老の森本公誠《こうせい》師が導師を務め、祝詞奏上、表白に続いて「般若心経」を唱え、生田神社雅楽会が神楽「豊栄舞」を

神仏霊場会の神宮参拝、左から２人目が著者

奉奏した。森本長老は「神仏界に身を置く者の責めを探り、宗教の新たな叡智を学び、人々に潤いとぬくもりを呼び戻そう」と表白を読み上げ、聖護院門跡ほか各寺院の門主や管長らによる般若心経は真に荘厳であった。その後、神宮に参詣し、私に森本長老、神社本庁副総長の田中恆清《つねきよ》石清水八幡宮宮司、半田孝淳天台座主が御垣内参拝した。

この4人を先頭に神仏霊場会の会員が4列に並び、五十鈴川にかかる宇治橋を渡る光景は圧巻で、多くのメディアで報道された。とりわけ天台座主の伊勢参りは初めてのことで、注目されたのである。

翌平成21年6月11日に神仏霊場会の「神仏合同国家安泰世界平和祈願会」と総会が高野山で開催された折には、金剛峰寺で私が祝詞を奏上した。翌22年6月11日には生田神社で神仏合同国家安泰平和祈願祭と総会が行われ、23年3月6日には生田神社で神仏霊場会シンポジウム「日本の原風景―誘う神仏たち」が開かれた。

5年後の平成25年には伊勢神宮の第62回式年遷宮を控え、また歴史を重ねた社寺でも鎮座や開宗、あるいは遠忌などの奉祝、慶讃の行事が続き、平成の御代はわが国の伝統的な神道や仏教をはじめ宗教界全体にとって意義深い時代であった。

東大寺で東日本大震災復興祈願

日本人は太古から「自然の中に神々はおわし坐《まします》す」と信じ、畏敬の念を捧げてきた。太古の人たちは、人も木も草も国土も「神が生みたもうたもの」と信じていた。そこへ、約1500年前に、それらすべてが仏の慈悲のあらわれであると教える仏教が伝わり、古来の神道と融合しつつ、自然と共に生かされている日本人を育ててきた。インドと中国で鍛えられた仏教の言葉で、古来からの日本人の心性を表現するようになったのが神道とも言えよう。幕末・明治の時代的背景から生まれた神仏分離令によって神仏は分離されたが、神と仏を敬い尊ぶ日本人の心は変わることなく続いている。

近年、グローバル化の時代を迎え、人心の平安と社会の安寧、世界の平和の原点が神仏融和にあることが再認識され、神仏霊場への巡拝の機運が高まっている。インドや中国で衰えた仏教が、日本では今も多くの人々の信仰を集め、学び続けられている。それには、大陸からの適度な距離にある島国という地政学的な意味に加え、「和」と「寛容」を旨として暮らしてきた神道に代表される日本人の心情、霊性が大きく影響しているものと思われる。

日本の宗教の特徴は、他を否定せず、肯定することで、その肯定の世界を形づくっているのが神仏霊場会と言えるであろう。この活動を通して、寛容の心で互いを生かし合う心を広めていきたいと思う。

平成23年（2011）6月9日、東大寺で「神仏合同東日本大震災慰霊追悼復興祈願会」を挙行した。これは、阪神・淡路大震災で社殿が倒壊した生田神社の再建に、神戸復興の証として邁進《まいしん》した経験から、神仏霊場会二代目会長として私が呼び掛け、実現したものである。

祈願場の東大寺大仏殿は奈良時代に、天災と飢餓の国難に立ち向かうため、聖武天皇が「一枝の草、一把の土を持て像を助け造らん」と願われ、それに応えた多くの民の協力により完成したもので、しかも、盧舎那仏坐像（大仏）は宇佐神宮の八幡神の助力を得て造られた、神仏一致の象徴と言える仏像であるから、国難において神道界と仏教界が合同して祈りを奉げるのにふさわしい場として選ばれた。

祈願会では僧侶と神職が二列になって大仏殿に入場し、東大寺長老と式衆による唄（声明）と散華に続いて、導師の北河原公敬《こうけい》・同寺別当（神仏霊場会副会長）が次のような表白を読み上げた。

「古来われらが祖先は神仏を共に尊崇し、神仏への祈りに心の安らぎを求めてきた。しかし、地球自然の破壊力にはかなわない時があり、人知を超えた国難が東日本を襲った。度重なる罹災苦難があったが、世の人々と共に蘇ってきた盧舎那大仏に神仏合同の祈りを捧げることで、被災地の神仏の霊威が回復し、物故者の御霊が安らかとなり、被災地の早期復興がなりますように」

斎主の私が祈願詞を奏上したのに続いて、神職たちが大祓詞を奏上、神職代表が玉串を奉奠。東大寺の僧侶たちが「般若心経」を読経する中、僧侶代表と神仏霊場の満願者代表が焼香し、犠牲者の冥福と被災地の復興を祈願した。

高田好胤管長との交流

私の大学進学について、生田神社宮司だった父鍍次郎は神戸市内の大学がいいと、旧制甲南高校から大学になって3年目の甲南大学への受験を勧めた。甲南大には兄知衛の恩師で皇學館大學教授から文学部国文学科教授になっていた『近世の和歌と国学』『伊勢の文学』『福沢諭吉の研究』で著名な伊藤正雄先生と、京都府福知山市にある荒木神社の社家の出身で『宗祇・心敬の研究』『安土桃山時代の文学の研究』で名高い荒木良雄先生がいた。

甲南大に入学した私は、クラブ活動で古美術研究会と歌舞伎文楽研究会に入部した。古美術研究会の顧問は後に兵庫県歴史博物館館長になる和田邦平先生で、毎週日曜日には奈良や京都の寺院を主に古美術行脚に明け暮れた。奈良の法隆寺、薬師寺、唐招提寺、東大寺、室生寺、京都の南禅寺、知恩院、西芳寺、龍安寺、大徳寺、浄瑠璃寺などを見学し、夏には薬師寺や南禅寺、知恩院で合宿し、神職の息子でありながら寺院の古美術品の見学に学生生活を費やした。古美術研究会には彫刻、建築、庭園、絵画、考古学の研究班があり、私は建築

薬師寺西塔

班と彫刻班に属し、見学・研究に励んだ。

この会のお陰で薬師寺の高田好胤管長には兄弟のように親しく接してもらい、言葉に語り尽くせない教えを受けた。薬師寺の境内に建立された佐々木信綱の名歌「逝く秋の大和の国の薬師寺の　塔の上なるひとひらの雲」の除幕式にも出席し、川田順、落合太郎、前川佐美雄先生の謦咳に接することもできた。『大和古寺風物誌』の亀井勝一郎を甲南大学に招き、講演して頂いたのも忘れられない。私ほどお寺好きの神職は珍しいであろう。

学習院大学史学科の古美術研究部の学生とも交流し、京都の八坂神社で交流会を催したりした。当時、学習院大学で部長をしていたのが、後に名古屋の徳川美術館館長になる徳川義宣《よしのぶ》氏である。大学3年生の時には岩手県の平泉に行き、中尊寺の佐々木管長の好意で宿坊に泊めて頂き、金色堂の中へ入れてもらい、写真撮影も許された。その時の写真は日本美術史の源豊宗《とよむね》関西学院大学教授に称賛された。

当時の薬師寺は塀が崩れたままのような状態で、副管長の好胤さんは法光院におられた。そこで私たちが合宿をしていると橋本凝胤管長が講話に来てくれた。その時、私は手洗にいて、戸を開けるとうるさい音がするので、そのままじっとしていたところ、話が長く、夏の盛りなので大汗をかき、やっと話が終わったのを見て手洗いから出て行くと、あきれた好胤さんに「雪隠居士」というあだ名を付けられたのも懐かしい思い出である。

以来、好胤さんとは家族ぐるみのお付き合いをするようになり、私が神戸で結婚式を挙げた昭和30年3月30日は薬師寺の大切な花会式なのに来てくれ、祝辞で「吉祥天に似た奥さんをもらって幸せだ」という話をしてくれた。

阪神・淡路大震災で生田神社が被災した時には、かなり体が弱っていたにもかかわらず、秘書を当日夜に見舞いに寄越し、数日後、信徒を引き連れ見舞いに来てくれた。また、好胤さんは神宮の神嘗祭には必ず信徒を伴って参列し、僧侶として神仏和合を地で行っていた。戦没者の慰霊の旅もよくして、靖國神社への参拝も欠かさなかった。

私は「ご飯がおいしくないのは伊勢と薬師寺や」と言ったことがある。新米は神仏にお供えして、人は古米を食べるのでおいしくなかったからで、すると「君はなんちゅうこと言うんや」と叱られた。

好胤さんは修学旅行の中高生に話をするのが好きで、「三重塔のもこしはスカートや」とか「奈良は寺ばかりやとぶつぶつ（仏々）言うとるけど」など面白い冗談を言いながら、「般若心経」の意味などわかりやすく解説していた。私が寺回りをするようになった一つの要因には、好胤さんとの友情が大きかったと思う。

好胤さんの「かたよらない心、こだわらない心、とらわれない心。ひろく、ひろく、もっとひろく…これが般若心経、空のこころなり」は名言で、「人は亡くなると仏になり、50年たつと神なる」と神仏習合をわかりやすく説明されていた。

9 神戸とキリスト教

ザビエルが神戸に上陸

西洋文明をつくったキリスト教との出会いも神戸の歴史にとって重要である。そこで、神戸とキリスト教との出会いを点描してみよう。

記録に残る日本人初のキリシタンはヤジロウで、天文17年（1548）にインド西海岸のゴアでイエズス会の宣教師フランシスコ・ザビエルから洗礼を受けている。ヤジロウは薩摩国か大隅国の出身で、彼自身やザビエルの書簡によれば、若い頃に殺人を犯し、薩摩や大隅に来航していたポルトガル船に乗ってマラッカに逃れたが、やがて罪の責め苦に耐えられなくなり、犯した罪を告白するためにザビエルを訪ねたという。二人を引き合わせたのは、天文15年（１５４６）に薩摩半島最南部の山川港《やまがわこう》にやって来たポルトガル船船長で商人のジョルジ・アルヴァレスであった。

ホモ・サピエンスの宗教史を概観すると、死を想う（メメント・モリ）ことから芽生えたであろう宗教心は、その後、集団をまとめる祭祀として発展し、護国宗教となって社会に根付いていく。インドではアショーカ王がマウリヤ朝の統治に仏教を取り入れ、古代ローマでは、長い迫害の果てに、コンスタンティヌス１世とリキニウスの二人の皇帝によって、３１３年のミラノ勅令でキリスト教が公認され、３９２年にはテオドシウス帝によりキリスト教が国教化された。いずれも、それまでの秩序を維持してきた精神的支柱が衰退したため、それに代わる機能として新しい宗教を取り入れたのである。日本での仏教も、当初は護国仏教として受容された。

鹿児島市にあるザビエル上陸記念碑

しかし、宗教本来の核心は人の「救い」「悟り」「解脱」にあるため、宗教の重心もやがてそこに移っていく。心理学者アブラハム・マズローの欲求5段階説では、下から「生理的欲求」「安全の欲求」「社会的欲求（所属と愛の欲求）」「承認の欲求」「自己実現の欲求」と並ぶが、梅原猛はそれに加えて「救済欲求」があると言った。

救済とは、今の自分が本来の自分ではないという自覚から生まれる。それが内なる悪、罪の自覚である。おそらくヤジロウは、平安時代末期から民衆に広まった浄土思想から、自分の悪を自覚するようになったのであろう。悪を自覚した人間にとっては、救いが最重要の課題となる。ヤジロウはまさに会うべくしてザビエルに出会ったと言えよう。

ザビエルに日本でのキリスト教の布教について聞かれたヤジロウは、スムーズに進むだろうと答え、ヤジロウの人柄と彼の話す日本の様子を聞いて、ザビエルは日本での活動を決意したという。そして１５４９年４月19日、通訳のヤジロウを従えゴアを発ったザビエルは、同年8月15日に鹿児島に上陸し、日本におけるキリスト教布教の第一歩を記した。しかし、その後のヤジロウの足跡については不明である。

薩摩国の守護大名・島津貴久に謁見したザビエルは宣教の許可を得るが、その後、仏僧の助言を聞き入れた貴久が禁教に傾いたため、天文19年（1550）8月にポルトガル船が入港していた肥前国平戸に移り、宣教活動を始めた。

国のトップからの宣教がイエズス会の方針だったので、同年10月下旬、ザビエルは将軍のいる京を目指し平戸を出立した。11月上旬に周防国山口に入り、無許可で宣教活動を行い、周防の守護大名・大内義隆に謁見するが、男色を罪とするキリスト教の教えが義隆の怒りを買ったことから、同年12月17日に周防を離れた。岩国から海路に切り替え、堺に上陸し、この間、神戸にも上陸しているが、どこの港かは分からない。

天文20年（1551）堺の豪商・日比屋了珪《りょうけい》の支援でザビエルの一行は京に入り、了珪の紹介で同じく豪商・小西隆佐《りゅうさ》の歓待を受けた。ザビエルは、「日本国王」から宣教の許可を得るため、インド総督とゴアの司教の親書を示し、後奈良天皇と将軍足利義輝への拝謁を求めたが、献上の品がないため実現しなかった。比叡山延暦寺の僧侶との論戦も申し入れたが拒まれている。当時の京は戦乱のため荒廃し、室町幕府の権威も失墜していた。状況を理解したザビエルは、京での交渉をあきらめ、山口を経由して1551年3月に平戸に戻っている。

同年4月、献上品を携えて三度目に山口に入ったザビエルが大内義隆に再謁見すると、珍しい文物に喜んだ義隆はザビエルに宣教を許可し、廃寺になっていた大道寺を一行の住居兼教会として与え、これが日本最初の常設の教会堂となる。ザビエルは大道寺で一日に二度の説教を行い、約2か月間の宣教で500人もの信徒を得たという。その中にいた盲目の琵琶法師が、後にイエズス会の強力な宣教師となるロレンソ了斎である。

豊後国府内（現・大分市）にポルトガル船が来着したとの話を聞いたザビエルは豊後に赴き、1551年9月に守護大名・大友義鎮《よししげ》（後の宗麟）に迎えられ、その保護を受けて宣教を行うようになる。

鹿毛《かげ》敏夫著『世界史の中の戦国大名』（講談社現代新書）によると、ヨーロッパに残されている中世の日本人を描いた絵に一番登場するのは、ザビエルによってキリシタンになった豊後王の大友宗麟だという。ヨーロッパの王の姿でザビエルを迎える場面などである。異教徒の王の改宗は、それだけ記念すべき出来事だったのだろう。

大友氏は東南アジアから火薬の原料の硝石や鉛、ロウソク・口紅の原料の蜂蠟を壺に入れて輸入し、その壺に特産の硫黄を入れ、輸出していた。九州や西国の戦国大名が宣教師を受け入れ、キリシタンになったのは鉄砲や弾丸、絹、陶磁器などを輸入するためで、対価は銀や硫黄、日本刀など。貿易が莫大な利益をもたらしたので、大名たちは競って南蛮貿易に乗り出したのである。

対外貿易は足利義満の日宋貿易に始まり、それを大内氏や細川氏が継承、中国の冊封体制のもとで活動し、倭寇のような密貿易をする者もいた。宋はたびたび倭寇の取り締まりを日本に要請している。

やがて大名たちは中国を超え、東南アジアからヨーロッパまで貿易先を広げていく。そこで活躍したのが漢文ができる臨済僧で、海外に活躍の場を求めた商人や、奴隷に売られながらポルトガル語を学び、ザビエルの案内人になったヤジロウのような民間人もいた。キリシタン規制が進んでも、コスモポリタン化した港町では平和的に混住していたという。

幕府の力が弱まると、大名たちは地域的な「王」を名乗り、ベトナムやカンボジアなどの王に平和的交流を求める書簡を出している。後に鎖国になる江戸幕府も、徳川家康は三浦按針を使って世界貿易に積極的で、伊達政宗を介し、スペインとの交易も探っていた。

興味深いのは、銀は日本から輸出のみとされていたが、東南アジアからの輸入記録もあった。16世紀は「世界史」が生まれた時代で、日本史も地球規模で見直す必要がある。

日本滞在が2年を過ぎたザビエルは1551年11月15日、日本人青年4人と日本を離れ、1552年2月15日にゴアに到着した。同年4月、日本での布教のためには日本文化に大きな影響を与えている中国での宣教が不可欠と考えたザビエルは、バルタザール・ガーゴ神父を自分の代わりに日本へ派遣すると、自身は中国を目指し、同年9月に広東省江門台山市の沖合にある上川島《じょうせんとう》に到着した。しかし、中国への入境はかなわず、そのうち病を発症して12月3日、上川島で46年の生涯を終えた。

キリシタン大名高山右近

ザビエルに続いて日本での宣教を始めたイエズス会の宣教師たちの足跡が神戸に残されているのは、永禄2年（1559）のガスパル・ヴィレラとロレンソである。二人は京に上る途上、室津と兵庫津に入港している。1565年にはルイス・フロイスと医師で修道士のルイス・デ・アルメイダが畿内に行く途中、10日間、坂越《さかごし》（赤穂市）に留まっている。

摂津国で伝道が進んだのは1563年頃、大和国榛原《はいばら》の沢城で受洗したダリオ高山飛騨守と息子のジェスト右近が1573年に高槻2万石の城主となってからである。高山氏は、摂津国能勢郡高山荘（現・大阪府豊能郡豊能町高山）を拠点とする土豪であった。

永禄6年（1563）、イエズス会の宣教師ガスパル・ヴィレラの堺訪問を知った僧たちは、領主の松永久秀に宣教師の追放を依頼した。久秀は議論の上、不審な点があれば追放しようと考え、仏教に造詣の深い飛騨守と結城忠正を審査役とし、儒者の清原枝賢《えだかた》に宣教師と議論をさせた。キリシタン側はヴィレラに代わって元僧侶のロレンソ了斎が議論を行った。ところが、議論を聞いていた審査役の二人がキリスト教の教えに感化され、飛騨守は後にヴィレラを沢城に招き、嫡子の彦五郎（後の右近）をはじめ家族とともに洗礼を受けたのである。

永禄11年（1568）、織田信長が足利義昭を奉じて上洛し、摂津国芥川山城《あくたがわさんじょう》から三好長逸《ながやす》を追い出して、足利義昭の側近であった和田惟政《これまさ》に与えると、高山親子はその配下に組み込まれた。その後、和田惟政は高槻城に移り、芥川山城には飛騨守が城代として入ったが、惟政が池田氏との争いで討死したので、高槻城は惟政の子・惟長が引き継ぐ。その後、惟長に暗殺されそうになった高山親子は元亀4年（1573）に惟長を追放して高槻城主となり、摂津国北辺の高槻周辺を高山親子の所領としたのである。飛騨守が宣教師の布教を保護したこともあり、高槻ではキリシタンが増えていった。

ルイス・フロイスの書簡によれば、飛騨守は高槻の「かつて神の社があった所」に自費で教会を設け、大きな十字架を立てている。そして「四名の組頭」を定め、「異教徒の改宗を進めることや貧者の訪問、死者の理葬、祝祭に必要な物の準備、各地から来訪する信者の歓持」の役割を担わせ、その第一の組頭を飛騨守自身が務めたという。

高槻城下における布教の中心は城主の右近ではなく飛騨守で、教会に次いで司祭館も設け、20か所に礼拝堂や小聖堂も建てた。天正9年（1581）当時、高槻領民2万5000人のうち7割以上の1万8000人がキリシタンであったという。京にあった五畿内のセミナリオは1582年に高槻城下に移転され、院長のオルガンティノとジョアン・ステファノーニら4人の修道士が生徒の教育に携わった。

荒木村重の反逆

高山右近が窮地に立たされたのは、荒木村重が織田信長に反旗を翻したからである。天正6年（1578）、右近が与力として従っていた荒木村重が主君・織田信長に反旗を翻した。村重の謀反を知った右近はこれを翻意させようと、妹や息子を有岡城に人質に出して説得しようとしたが失敗した。村重と信長の間にあって悩んだ右近が尊敬していたイエズス会のオルガンティィノ神父に助言を求めると、神父は「信長に降るのが正義であるが、よく祈って決断せよ」とアドバイスしたという。イエズス会にとっては信長の保護を得られなくなるのが最大の問題であった。

高槻城は畿内の要衝の地であるため、信長は右近を味方につけるため畿内の宣教師を説得に向かわせた。右近は織田方につくつもりだったが、村重の下にある人質たちの身を案じ、決断しかねていた。

高槻城内は徹底抗戦を訴える父・飛騨守らと開城を求める派とが真っ二つに分かれていた。懊悩の果てに右近は、信長に領地を返上することで織田との戦を回避し、そのうえ村重に対する出兵も回避し、人質処刑の口実も与えないという打開策に思い至る。右近は紙衣一枚の姿で信長の前に出頭し、その潔さに感銘した信長は右近を許した。

村重は城に残された右近の家族や家臣、人質を殺しはしなかったが、結果的に右近の離脱は荒木勢の敗北の大きな要因となった。その功績を認めた信長は、右近を再び高槻城主にした上、摂津国芥川郡を与え、2万石から4万石に加増している。天正10年（1582）3月、甲州征伐で信長が諏訪に布陣した際は、右近も西国諸将の一人として従軍した。

荒木村重が織田信長に謀反を起こした理由には、いろいろな説がある。遠藤周作は小説『反逆』（講談社文庫）で、「信長は彼にとって憎しみと恐れ、コンプレックスと嫉妬、そういう複雑な感情を抱かせる相手だった。一度でもいい。彼はあの信長の顔が恐怖で歪むのをみたかった」と書いている。

村重は当初、摂津国の池田勝正に仕えていたが、その後、信長の家臣となり、戦功を挙げて摂津一国を任される。石山本願寺攻めの先鋒隊になった村重は、命を惜しまない一向宗門徒との戦いに疲れ、和睦を提案し、信長の許可を得て進めるが、うまく事が運ばなかった。そんななか、将軍足利義昭の調略が村重にも及んだのである。

事態が切迫したのは、村重のいとこの中川清秀の家来が、密かに兵糧を石山本願寺に横流ししていたのが発覚しそうになったことである。そのうわさがやがて信長の耳に入れば、村重が処罰されるのは明らかだ。清秀や右近ら重臣を集めた軍議で村重は、信長に申し開きに行くよりも、反逆の道を選ぶと告げた。猜疑心の強い信長の下で働かされることに、限界を感じていたからだろう。別に、兵糧を横流ししていたのが正室だしの親族だったため、申し開きできないと考えたという説もある。

それから4年後の天正10年（1582）6月2日、本能寺で信長を討った明智光秀は、右近と清秀の協力を期待していたようだが、右近は高槻に戻ると羽柴秀吉の幕下に駆け付けた。まもなく起こった山崎の戦いでは先鋒を務め、清秀や池田恒興と共に奮戦して光秀を敗走させ、清洲会議でその功を認められて加増された。

その後、右近は安土にあったセミナリヨを高槻に移転した。賤ヶ岳《しずがたけ》の戦いでは岩崎山を守るものの、柴田勝家の甥・佐久間盛政の攻撃にあって清秀は討ち死にし、右近は善戦した。その後も小牧・長久手の戦いや四国征伐などに参戦している。

右近は人徳の人として知られ、多くの大名が彼の影響を受けてキリシタンになった。たとえば牧村利貞・蒲生氏郷・黒田孝高《よしたか》（官兵衛）などがそうで、細川忠興や前田利家は洗礼は受けなかったが、右近の影響からキリシタンに好意的であった。

その一方で、右近は領内の神社仏閣を破壊し神官や僧侶に迫害を加えたため、高槻周辺の古い寺社はほとんど消え、古い仏像も少なくなった。領内の多くの寺社の記録には「高山右近の軍勢により破壊され、一時衰退した」などの記述がある。

もっとも、キリスト教徒側の記述では、右近は住民や家臣へのキリスト教入信の強制はしなかったが、その影響力が絶大であったために、領内の住民のほとんどがキリスト教徒となり、そのため廃寺が増え、寺を打ち壊して教会建設の材料としたと記されている。史実は同じでも立場によって歴史の記述は異なる。

明石の船上城主に

秀吉からも信任の厚かった右近は、天正13年（1585）に播磨国明石郡に新たに領地6万石を与えられ、船上城《ふなげじょう》を居城とした。船上城は、播磨国明石郡（現・明石市新明町）にあり、明石川河口の西側、明石海峡に面した部分と明石川の湿地帯に築かれた平城である。

船上城は水城でもあり、船上川の河口部に港を築き、瀬戸内航路を利用して堺に行き来する貿易船の中継港としても使用されていた。右近が船上城にいる間に2000人が信者となったという。元和5年（1619）に明石城が築城されると船上城は廃城となり、明石城の巽櫓《たつみやぐら》は船上城の天守か櫓を移築したものとされる。

秀吉が伴天連追放令を出すと、キリシタン大名は窮地に立たされた。ところが右近は、信仰を守ることと引き換えに領地と財産を全て捨て、世間を驚かせた。その後、しばらくは小西行長に庇護されて小豆島や肥後国などに住み、天正16年（1588）に前田利家に預けられて加賀国金沢に赴いたが、囚人のような扱いを受けていたという。

ところが天正18年（1590）には2万6000石の扶持を受けている。秀吉は厚遇により右近を豊臣政権に復帰させようとしたが、右近の棄教を拒否する意思の強さに断念し、前田家の管理下に置くこ

船上城の櫓を移築したとされる明石城

とで、相応の待遇を容認したとされる。

天正18年（1590）の小田原征伐にも、右近は追放処分の身分のままで従軍し、八王子城の戦いにも参加した。徳川との戦いが想定された慶長4年（1599）からの金沢城修築には、右近の先進的な畿内の築城法の知識が役に立ったとされる。右近は利家の嫡男・前田利長の庇護も受け、政治・軍事など諸事にわたり相談役になっている。

慶長19年（1614）、加賀で暮らしていた右近は、徳川家康によるキリシタン国外追放令を受けて、加賀を退去。長崎から家族、内藤如安らと共に船に乗り、同年12月、マニラに到着した。

イエズス会や宣教師の報告で有名となっていた右近は、スペイン総督のファン・デ・シルバらに歓迎されたが、船旅の疲れや不慣れな気候のため老齢の右近は病気になり、マニラ到着からわずか40日後の1615年2月3日に昇天、享年63だった。

高山右近没後400年にあたる平成27年（2015）、日本のカトリック中央協議会は「高山右近は、地位を捨てて信仰を貫いた殉教者である」として、福者に認定するようローマ教皇庁に申請し、翌2016年1月22日に教皇フランシスコにより認可された。

黒田官兵衛

　荒木村重の謀反で窮地に立たされたもう一人のキリシタン大名が黒田官兵衛である。豊臣秀吉の伴天連追放令により改宗したと言われるが、最後まで信仰を捨てなかったとの説もある。播州・摂津にかかわる官兵衛の足跡をたどってみよう。

　黒田官兵衛（幼名万吉）が生まれたのは天文15年（１５４６）、父・小寺職隆《もとたか》が城主の姫路城である。職隆は姫路の西にある御着《ごちゃく》城主・小寺政職《まさもと》に仕え、その縁戚の娘をめとってから小寺姓を名乗っていた。

白鷺城の名にふさわしい姫路城

　姫路城といっても、今のような城になるのは江戸時代のこと。職隆の時代は砦みたいな建物で、天正９年（１５８１）に秀吉の命で官兵衛が本格的に改築した。姫路城の「にの門」の屋根には十字紋の鬼瓦があり、当時、官兵衛が高山右近らの誘いでキリシタンになっていることから、そのゆかりの瓦ではないかと推測されている。

平成26年（2014）、姫路城の門前に「ひめじの黒田官兵衛 大河ドラマ館」が設けられ、官兵衛が幽閉された有岡城の土牢が再現されていた。牢の壁に藤の花が咲いていたのは、窓越しに見える藤の花に、官兵衛が生きる希望を与えられたという逸話による。吉川英治は小説『黒田如水』（角川文庫）のその場面で、官兵衛に次のように叫ばせている。

「獄中に藤の花が咲くなどということは、あり得ないことだ。漢土の話にもこの日本でも聞いた例しがない。……死ぬなよ。待てば咲くぞ、という天の啓示。そうだ天の啓示だ」

土牢の先の角で、鎧姿の官兵衛と竹中半兵衛が立ち話をしている原寸大の人形があった。共に天才軍師とうたわれた2人が、戦法を相談している場面だろう。

姫路城には、羽柴秀吉時代の野面積の古式石垣が、城郭の半分くらいにわたってある。野面積みは自然石を使用した高さ数メートルの石垣で、秀吉の命により官兵衛が普請を担当した際の石垣だとされている。

官兵衛の祖父・重隆は備前福岡から播州に移ることを決め、小さな漁村だった姫路に住み着いた。港のある村を選んだのは、備前福岡の経験で、発展の可能性が大きいと思ったからであろう。当時、姫路の支配者は御着城の小寺氏で、姫山とよばれる丘に小さな城があった。

重隆は姫路の大百姓・竹森新右衛門の小屋を借りて住み、用心棒のような役をしていた。貧しい暮らしながら、重隆が子の職隆《もとたか》に漢籍を教えているのを見て重隆を信頼し、教えを乞うまでになった新右衛門は、重隆に広く信仰を集めている広峯神社の宮司を紹介し、これが黒田氏の飛躍につながる。

重隆は、広峯神社のお札に黒田家秘伝の目薬を付けて売ることを思い付き、それが成功したのである。黒田家の目薬は、カエデ科のメグスリノキの樹皮を煎じたもので、戦国時代から使われていたという。重隆は屋敷の一部を目薬の製造工場にし、農民たちを雇った。一つの地場産

広峯神社

業を興したのである。

広峯神社は姫路市の北部、広峯山の上にあり、733年に吉備真備により創建されたと伝わる。主祭神は素戔嗚尊《すさのおのみこと》で、日本に渡来したインド祇園精舎の守り神・牛頭天王《ごずてんのう》と習合した。播州平野は主に渡来人の秦氏が開いたから、広峯神社の祭神も秦氏が持って来たのであろう。広峯山のふもとには白国神社（新羅訓神社）があった。牛頭天王は疫病や災厄を防ぐ神だが、広峯神社では稲作豊饒を祈願する信仰へと変容する。広峯神社は全国にある牛頭天王（八坂神社）の総本宮だと伝わるが、京都の八坂神社も牛頭天王総本宮を主張している。

広峯神社には御使と呼ばれる布教者がいて、京都から北九州まで崇敬者にお札を配って歩き、参詣者に宿を提供していた。御使たちは各地の情報を集めていたので、後にそれが官兵衛の情報網となる。

目薬はよく効いたので喜ばれ、御使の活動を助けるとともに、黒田家の収入を増やした。かなりの財を成した重隆は、やがて金貸し業を始めた。金利を安くし、しかも担保を取らず、その代わり、金を借りた者を家臣にしたのである。そうやって重隆は家臣を増やし約

２００人と、１万石の大名の規模になった。

やがて重隆は、小寺氏の所領と広峯神社の社領を占拠していた土豪を退治する功績を土産に、御着城の小寺政職に仕えるようになる。重隆の力量を高く買っていた政職は、重隆に姫路城を与えた。その西に勢力を張る宿敵の赤松氏に備えるためである。

黒田重隆の跡を継いで御着城の小寺氏に仕えた嫡男の職隆は統率力があり、家臣団も武勇に優れていた。姫路城の黒田氏は小寺氏の先兵としてよく働き、職隆は外様ながら家老に加えられるまでになる。合戦では先頭に立って家臣を率いたが、小寺氏の重臣たちからは、「外様の目薬屋」と一段、低く見られていた。14歳で元服した万吉は、官兵衛孝高《よしたか》と名乗り、16歳で小寺政職の近習になった。実際は人質で、当時の慣習であった。

姫路市から西に10キロほどのところに、たつの市がある。播磨国守護だった赤松氏の居城で、官兵衛の時代、小寺氏とは宿敵の関係にあった。たつの市から揖保川《いぼがわ》を下った瀬戸内海の河口にあるのが室津で、その室津港の近くにある室津城の浦上氏も、赤松氏と反目していた。

永禄６年（１５６３）に小寺政職と赤松政秀が和議を結ぶと、浦上氏から小寺氏に同盟が持ちかけられてきた。内陸の御着城にいる小寺氏にとって、良港を持つ浦上氏との同盟は魅力的だった。

重臣らの評定で、官兵衛は近習ながら、浦上氏との同盟は赤松氏の反発を招くので危険だと訴えたが、退けられた。小寺氏は浦上氏と同盟を結ぶことになり、その証として、小寺職隆の養女になった広峯神社の御師の娘が、浦上清宗に嫁ぐことになる。ところが、官兵衛の心配通り、赤松政秀は婚礼の日に室津城を攻め、浦上親子と新妻を殺してしまった。

室津港は今では小さな漁港だが、町を歩くと古い家並みが続いている。室津の少し北にある太子町には聖徳太子ゆかりの斑鳩寺《いかるがじ》がある。推古天皇の時代、聖徳太子が勝鬘経《しょうまんぎょう》や法華経を天皇に講じたところ、感銘した天皇が播磨国の水田１００町を下賜し、太子はそれを法隆寺に寄進した。当時は七堂伽藍があったが、官兵衛が生まれる5年前、出雲の尼子氏の侵攻で播磨が混乱した天文10年（１５４１）に焼失し、その後、赤松政秀らにより復興されている。

軍師・竹中半兵衛

秀吉の軍師・竹中半兵衛から、毛利の影響が強い播磨の大名たちを織田方に付ける手立てを相談された官兵衛は、御着城の小寺氏、三木城の別所氏、龍野城の赤松氏の当主が、そろって信長に拝謁するよう説得すると約束した。

官兵衛は工作の鍵を握るのは、播磨で最大の兵力を擁する別所氏にあると見ていた。播磨東部に勢力を張る別所氏は、侵攻してきた三好氏との戦いで、早くから織田氏と通じていた。元亀元年（1570）、父・安治の病死を受け12歳で家督を継いだ長治は、後見役の伯父・賀相《よしすけ》と重棟《しげむね》の言いなりで、重棟は織田方だが兄の賀相は毛利方で、大勢は毛利に傾いていた。

官兵衛は、18歳の長治が学問好きなことから、会見前に中国の兵法書『六韜《りくとう》』を贈った。官兵衛の前でも対立する賀相と重棟を見て、長治は意を決するように織田に付くと宣言した。その時、引用したのが、『六韜』の「人に国柄を貸すなかれ」で、「君主は臣下に統治の力を貸してはならぬ」の意味、当主長治の自立宣言であった。

次いで、龍野城の赤松広秀に会見した官兵衛が、別所氏と小寺氏が共に織田氏に付くことを知らせると、広秀も信長への拝謁を承諾した。

ところが、肝心の小寺政職《まさもと》が上洛を渋り始めた。秀吉に肩入れする官兵衛への嫉妬からで、半兵衛の情報で官兵衛の苦境を知った荒木村重は、石山本願寺攻めの合間に播磨に大軍を繰り出し、政職の決断を促した。播磨の3君主が信長に拝謁したのは天正3年（1575）、京都の日蓮宗本山妙覚寺においてである。

そうした播磨の動きは毛利に筒抜けで天正4年（1576）5月、小寺氏を討とうと、海から5000もの大軍で侵攻してきた。毛利軍は姫路の南、英賀《あが》の港に上陸し、蓮如が創建した真宗の英賀御堂に本陣を構えた。対する小寺軍は黒田氏の500で、信長からの援軍の見込みはない。播磨に割ける兵は信長の手もとにはなく、半兵衛も官兵衛の力を試す機会だと考えていた。

官兵衛は敵陣に探り込ませた善助から、大軍の敵が油断しているのを知ると、早朝の奇襲を決める。父職隆《もとたか》は農民たちを集め、仮装の軍勢を仕立てた。作戦は見事に当たり、毛利軍はわれ先にと撤退する。もっとも、毛利には本気で攻める意思はなく、警告を与えれば十分だとしていたからである。

その2か月後、石山本願寺近くの木津川口の合戦で、織田軍が毛利軍に大敗した。これにより、毛利から兵糧の運び込みが可能になった本願寺は、織田軍に対して有利になる。播磨には再び、織田方不利の情報が駆け巡った。

秀吉軍の播磨入りも、信長の急な命令で越前の柴田勝家の応援に駆け付けることになり、また延期された。武田氏・北条氏との和睦が成った上杉謙信が、北陸から上洛する気配を見せていたからである。

焦燥感を募らせる官兵衛を訪ねた半兵衛は、備前国の宇喜多直家を調略するという知恵を授ける。赤松氏の一族、上月城《こうづき》の上月景貞《かげさだ》は西播磨を支配し、その南に宇喜多氏の岡山城があった。上月氏は毛利氏に付いていたが、宇喜多氏はまだ旗幟を鮮明にしていなかった。

官兵衛が上月城を訪ねると直家も来ていて、半兵衛の調略で織田に通じていた上月氏の家老を、宴席を利用し毒殺してしまう。官兵衛に直家は、織田と毛利のどちらに付くとも言質を与えなかった。

一方、越前に兵を進めた秀吉は天正5年（1577）、作戦をめぐって柴田勝家と対立し、無断で長浜に帰り、勝家は上杉謙信に敗れてしまう。信長の逆鱗に触れ、絶体絶命の窮地に立たされた秀吉は、半兵衛の知恵で遊女らを招いて大宴会を催し、謀反の意思はないことを示した。あきれながら許した信長に、秀吉は織田信忠の指揮下で大和の信貴山城攻めを命じられ、松永久秀を滅ぼす。これで近畿の憂いが減った信長は、秀吉に毛利攻めを命じた。

秀吉軍が播磨に進攻するに当たり、信長は小寺、別所、赤松の各氏に人質を出すよう要求した。別所氏、赤松氏はすぐに応じたが、小寺政職は嫡男の斎《いつき》が弱い性質であることから、ためらっていた。官兵衛は嫡男の松寿丸《しょうじゅまる》（後の長政）を代わりに出すことを決意する。母の光は猛反対するが、松寿丸は自ら志願した。これが後に関ヶ原の戦いで徳川家康について大活躍するまでに、長政を大きく育てることになる。

秀吉が約4000の兵を率いて姫路城に入ったのは天正5年（1577）の10月。松永久秀の信貴山城を落としてからわずか20日後のことで、当時の城下は300～400軒の小さな町にすぎなかった。

官兵衛は秀吉に「姫路城をそっくりお使いください」と言った。驚いた秀吉が、官兵衛たちはどこへ行くのかと聞くと、南に見える小高い国府山《こうやま》を指さし、家督を譲った父職隆が姫路城から移り住んでいる妻鹿《めが》城を広げ、そこに入ると言う。妻鹿城は国府山城とも呼ばれる。

姫路から山陽電鉄で三宮方面に向かい、4つ目が妻鹿駅。駅から北の方向に小高い国府山が見える。駅のすぐ西側を流れている市川沿いに10分ほど歩くと、ふもとの荒神社に着く。境内には妻鹿城址の石碑が建ち、官兵衛の祖父重隆が目薬作りに使ったメグスリノキが2本、植えられ、近くには、官兵衛の父職隆の廟所もある。元宮八幡神社の境内には、母里《もり》太兵衛生誕地の石碑があった。「黒田節」で知られる槍の名手で、官兵衛とその子長政に仕えた武将である。

加古川評定

播磨入りした秀吉は天正6年（1578）2月、加古川城に播磨の諸将を集め、毛利攻略のための軍議を開いた。これが失敗した「加古川評定」である。

官兵衛の働きにより、一旦は織田側に付くことでまとまっていた播磨の諸将だが、毛利との関係も深く、信長の苛烈なやり方や、秀吉の出自の低さなどへの反感も強かった。そこに付け込んだのが毛利の外交僧・安国寺恵瓊《えけい》で、織田に付くとひどい目に遭い、播磨は秀吉のものになってしまうと言い立て、毛利は本領安堵の約束を守ると説得した。鎌倉時代から播磨を支配し、室町時代から守護大名を務めてきた赤松氏の支族である別所氏をはじめ播磨の諸将はプライドが高く、信長や秀吉を格下に見る傾向があった。

さらに、信長が7年越しで攻めている大坂の石山本願寺は毛利の支援で落ちず、荒木村重が進めている講和交渉も進んでいなかった。戦力的に考えても、一向宗に毛利、播磨の諸将が団結すれば、織田に対抗できると思われた。

軍議が始まっても別所長治は加古川城に現れず、長治の名代として出席したのは、毛利びいきの伯父・別所賀相《よしすけ》であった。家柄意識の強い賀相は、別所氏の家系から代々の軍功を語る長談義に及んだ。気分を害した秀吉が、指揮は自分が執るので、諸将はそれに従えばよいと言うと、その言葉に諸将は反発。長治も信長からの離反を決意する。

この決裂により、秀吉軍は三木城はじめ別所氏一族の諸城を攻めざるを得なくなる。野口城、神吉城、志方城、御着城などで、最後の三木合戦では落城まで2年を要した。加古川城の跡は今、称名寺という真言宗の寺になっている。

天正5年（1577）11月、毛利支配下の佐用郡に攻め込んだ秀吉は、竹中半兵衛と官兵衛に福原城攻めを命じた。官兵衛は城の三方を囲み、後ろ一方を開けておく孫子の兵法を秀吉に進言し、落城させた。逃げ道を作っておくことで味方の損害も減るからだ。もっとも、信長は敵兵を全て斬るよう命じたため、官兵衛の意に反し、凄惨な状況が繰り広げられた。

次に目指した上月城は、小城ながら播磨・美作・備前の三国の国境に建つ堅牢な山城で、毛利側の赤松政範や宇喜多直家が支配し、毛利勢の東方の最前線となっていた。城主の上月景貞の妻は官兵衛の妻・光の姉・力で、姉妹の兄・櫛橋左京進《さきょうのしん》は小寺氏の重臣で毛利派だった。そうした事情から官兵衛は先陣を焦り、窮地に陥ってしまう。

それを救ったのは、尼子勝久を担いで織田軍に加わり、毛利に滅ぼされた尼子家の復興を狙う、勇猛で知られる山中鹿介《しかのすけ》だった。

宇喜多直家は謀略で上月景貞の家臣を裏切らせ、主君の首を秀吉の陣営に持参させた。背景にあったのは、秀吉軍の生駒親正による上月城の水断ちで、義を通す官兵衛は直家と激しく対立するが、結果的に直家に助けられたことになる。これが第一次上月城の戦いで、尼子氏再興軍が上月城の防衛を任された。

ところが、天正６年（１５７８）２月の加古川評定で別所氏らが毛利に寝返ったため、織田氏・毛利氏の戦いの最重要拠点は三木城へと移り、上月城の戦略的価値はほぼ失われてしまう。毛利首脳の吉川元春と小早川隆景は、直家の要請に応じて上月城の奪還を図り、三木城攻めの秀吉軍を背後から牽制することにした。毛利は３万の兵を動員し、村上水軍が播磨灘を封鎖。それに対して、上月城を守る尼子勢は３千にすぎない。これが第二次上月城の戦いである。

毛利進軍の報を受け、秀吉は信長に出陣を要請し、三木城の攻撃を継続しつつ、自ら手勢を率いて尼子軍支援に駆け付ける。織田信忠を総大将に、滝川一益、明智光秀、丹羽長秀らの援軍が到着したが、毛利は本気で進出しないと見た信長は、三木城攻めを優先させる。このため、後詰めが来ない上月城の尼子軍は、絶望的な状況に立たされた。

同年７月、尼子軍は城兵の助命を条件に開城・降伏し、尼子勝久らは自刃し、尼子氏は滅亡した。山中鹿介は捕虜になり、護送中に殺害されてしまう。

織田信長に反旗を翻した別所氏は天正６年（１５７８）３月、三木城に籠城を始めた。

三木城には東播磨一帯から、同調する国人衆の家族や浄土真宗の門徒も含み、約7500人が城に入った。大人数が籠城したため、別所氏は食糧の確保が課題になる。

毛利氏が瀬戸内海の制海権を握っている間は、毛利氏や英賀城の三木通秋などが船で運んだ食糧を海沿いの支城で陸揚げし、加古川や山道を通って三木城に運び込んでいた。さらに天正6年10月には、有岡城の荒木村重が謀反を起こしたため、瀬戸内海に面した支城の花隈城も利用できるようになった。

有岡城に幽閉

秀吉軍の三木城攻め最中、父・小寺政職が村重の誘いで信長に反旗を翻すという話が官兵衛に届いた。驚いた官兵衛は御着城に出向き、政職を説得しようとするが、応じない。そして、逆に「村重が織田方に戻るのであれば考え直す。荒木を説得してこい」と命じられたのである。

天正6年（1578）10月、官兵衛は有岡城を訪れ、村重を説得しようとしたが、村重は応じず、逆に官兵衛を牢屋に閉じ込めてしまう。村重には、官兵衛を殺すようにとの小寺政職の書状が届いていたが、それより官兵衛を味方に引き入れたいと考えたのである。村重は、娘が嫡男・荒木村次の妻となっていた明智光秀の説得にも応じなかったので、官兵衛の見通しは甘かった。

一方、見事だったのは黒田家の結束で、主君が不在のなか、正室の光あてに起請文を書き、忠誠を誓った。こうした家臣団の絆の強さが、黒田家の危機を救うことになる。

官兵衛が有岡城から帰って来ないので、信長は裏切りを疑うようになる。官兵衛と村重は盟友だったからだ。遠藤周作は小説『反逆』で、「信長が誰をも信じなくなったのは、幼い時、生母に引き離され、しかもその生母までが弟の信行を世継ぎと決めて、信長抹殺を計った時からである」と書いている。

そうなると、戦国時代の習わしで人質の首をはねることになる。羽柴秀吉に預けられていた、官兵衛の一人息子・松寿丸《しょうじゅまる》の首である。官兵衛を信じる羽柴秀吉、竹中半兵衛は処刑に反対し、黒田家を失えば毛利攻めは不可能になると諫めるのだが、信長は応じない。

やむなく半兵衛は、一存で信長をだますことにした。長浜城にいた松寿丸を、美濃にある居城・菩提山城にかくまい、信長には別の子供の首を届けたのである。

姫路城の黒田家も苦しい選択を迫られていた。織田に反旗を翻せば、官兵衛の命は助かるが、黒田家は織田軍に滅ぼされてしまう。官兵衛の父・黒田職隆は家臣らを説得し、織田への忠誠を誓った。

その一方で、官兵衛を有岡城から救出する作戦が進められていた。家臣の栗山善助らは商人に身をやつして有岡城下に潜伏し、様子を探った。やがて、官兵衛は地下牢にいて、衰弱しているが無事なことが分かる。栗山善助は危険を冒して地下牢に近づき、主君に声をかける。家臣との再会が官兵衛に生きる勇気を与えた。

有岡城に籠城した村重は、毛利の援軍が来ると信じていたが、織田の水軍に敗れた毛利は、大軍の派遣が困難になっていた。毛利輝元に直訴するしかないと考えた村重は天正7年（1579）9月、有岡城を抜け出す。毛利軍も

有岡城址

陸からの侵攻を試みたが、備前の宇喜多直家が織田に付いたため、それより先には進めなかった。

そのうち、城主が不在の有岡城では、家臣の中から織田の工作に応じる者が出てきた。こうなると落城は時間の問題で、織田軍の総攻撃に、有岡城はもろくも陥落してしまう。混乱の中、栗山善助らは地下牢から官兵衛を救い出した。1年もの幽閉で歩行が困難になっていた官兵衛は、体力の回復を図るため有馬温泉に向かう。

生気を取り戻した官兵衛が姫路城へ帰り、秀吉に対面すると、秀吉は官兵衛の忠義に感動し、官兵衛を信長に拝謁させた。信長には負い目があったが、その場で秀吉は、既に陣中で没していた半兵衛の策で、松寿丸を生かしていたことを明かす。さすがの信長も自らの浅慮を恥じ、半兵衛に感謝したという。やがて秀吉の軍陣では、半兵衛に代わって軍師として采配を振るう官兵衛の姿があった。

天正7年（1579）9月2日、単身で有岡城を脱出した村重は、嫡男・村次の居城である尼崎城へ移った。毛利軍の桂元将が詰めていた尼崎へ援軍要請をするためで、その後も村重は西へ逃亡することなく半年以上も尼崎に留まり、抗戦した。

11月19日、信長は「尼崎城と花隈城を明け渡せば、おのおのの妻子を助ける」という約束を、有岡城の荒木久左衛門とその家臣たちと取り交わした。久左衛門らは織田方への人質として妻子を有岡城に残し、尼崎城の村重を説得に行ったが、村重は受け入れず、窮した久左衛門らは妻子を見捨てて出奔してしまう。信長は村重や久左衛門らへの見せしめのため人質の処刑を命じた。

村重本人は息子・村次と親戚の荒木元清がいる花隈城に移り、織田軍との間で「花隈城の戦い」となるが、最後は毛利氏のもとに亡命し、尾道に隠遁した。

秀吉に天下取りを進言

天正6年（1578）11月の第二次木津川合戦で毛利水軍が織田水軍に敗れると、三木城への海上輸送が困難になってきた。

姫路城の近く、西の比叡と呼ばれ、山上に多数の伽藍を擁する書写山円教寺に本陣を敷いていた秀吉は、三木城の支城を一つずつ潰していった。信長が見捨てたことで上月城が毛利氏に落とされると、東播磨に撤収した秀吉軍は、三木城の北東約2キロにある小高い平井山に本陣を構え、三木城包囲の付城を築いた。

天正7年（1579）5月に羽柴秀長が丹生山を制圧し、三木城の食糧補給路を断つと、「干殺し」の状況になってきた。同年10月には荒木村重が有岡城を抜け出し、有岡城が落ちる。毛利輝元は播磨に援軍を送ろうとしたが、備前・備中・美作を支配する宇喜多直家が、黒田官兵衛の調略を受けて織田側に寝返っていた。

病床に伏すようになった直家は、天下を取るのは織田だと見て、嫡男・秀家の将来を官兵衛に託したのである。宇喜多が織田に付くと、播磨に遠征した毛利軍は前後を敵に囲まれ、備前から東には進めない。

ついに兵糧が尽きた三木城は、耐え切れなくなった別所長治が天正8年（1580）1月15日、城兵らの助命を条件に城主一族の切腹を申し出ると、秀吉はそれを認め、長治に酒と肴を贈った。そして1月17日、23歳の長治は切腹して果てる。

次いで、備中高松城を攻めていた毛利攻めの羽柴秀吉が本能寺の変を知ったのは、その翌日の天正10年（1582）6月3日夕方。茫然自失の秀吉に、官兵衛は「ご武運が開けましたぞ。今こそ天下取りを目指すべきです」と進言した。それを聞いた秀吉は「そこまでおれの心を読んでいたのか」と驚き、以後、官兵衛を恐れるようになったという。

冷静さを取り戻した秀吉は、明智光秀をいち早く討つことが天下取りの条件だと考え、毛利軍と早急に和睦をまとめようとした。ここで官兵衛が毛利の外交僧・安国寺恵瓊と交渉を重ねていたことが役立つ。

問題は、毛利が織田に割譲する領地の範囲と備中高松城主・清水宗治の切腹の二つで、官兵衛は二条件を棚上げにして和睦を進める。官兵衛の提案で、安国寺恵瓊らが宗治を説得すると、徹底抗戦を主張していた宗治は、城兵の助命を条件に切腹を承諾した。それを聞いた毛利輝元は宗治の切腹を認め、領土問題の棚上げにも同意した。6月4日昼、清水宗治は高松城から秀吉の陣営前まで小舟でこぎ出し、見事、切腹した。

毛利輝元が信長の死を知ったのは、清水宗治が切腹した直後だった。毛利家の重臣・吉川元春は秀吉追撃を主張したが、小早川隆景は反対した。毛利氏には、毛利元就の「毛利は天下を狙うな」との遺言があり、「今、秀吉に恩を売っておけば、毛利に損にはならない」と考えたからだ。輝元は隆景を支持し、撤退を命じた。

毛利の追撃を心配する秀吉に、官兵衛は「追撃してくれれば堰を切り落とし、進軍できなくする」と答え、しんがりを引き受けたので、秀吉は撤退を開始したという。

秀吉軍は6月5日に備前の亀山城（沼城）を出発し、6日に姫路城に帰り着いた。秀吉は城の有り金を全て兵士に分け与え、兵士の士気を上げた。秀吉軍が姫路城を発ったのは6月9日、軍陣には毛利の旗も混じっていた。官兵衛が和睦の時に借りておいたのである。毛利も秀吉に味方したのかと思った中川清秀や高山右近など摂津の有力武将も秀吉に付く。さらに、秀吉は、四国攻めのため大坂に駐留していた信長の三男・神戸信孝と丹羽長秀の軍と合流し、京都を目指した。

決戦場になったのは大坂と京都の国境にある天王山（現・京都府大山崎町）で、光秀軍1万6000に対し秀吉軍は4万。敗走した光秀は居城の坂本城を目指したが、6月13日に小栗栖《おぐるす》（京都市伏見区）で土民に襲われ、命を落とした。

洗礼名ドン・シメオン

明智光秀を討ち、信長後継者の争いでライバルの柴田勝家を滅ぼし、名実ともに天下人となった秀吉に天正11年（1583）9月、黒田官兵衛は普請総奉行として大坂城の築城を命じられた。目指したのは信長の安土城以上に壮大な城である。官兵衛は築城を進めながら、中国大返しの前に講和を結んだ毛利との領地交渉を重ねていた。

フロイスの手紙によると、官兵衛はこのころ、キリシタン大名の高山右近の熱心な勧めで、キリスト教に入信したという。かねてからキリスト教には親近感を持っていたが、右近から教義について詳しく説明を受け、入信を決意したのであろう。

官兵衛の洗礼名はドン・シメオンで、古代ユダヤ人の男性の名前。シメオンには「聞く、耳を傾ける」という意味があり、家臣や領民の声に耳を傾けるのが官兵衛の心得だったので、選んだのかもしれない。その後、黒田家の領地が豊前中津に移ってから、弟の直之と息子の長政も洗礼を受けている。

宣教師がもたらす海外の情報と物品、技術を気に入った織田信長が布教を認めたため、キリスト教は急速に広まっていた。信長の後を継いだ秀吉もその政策を踏襲していたが、九州平定を始めた天正15年（1587）、バテレン追放令を出し、宣教師の活動を制限するようになった。バテレンとはパードレ（司祭）のことである。

追放令では、①日本は神国なのでキリスト教はふさわしくない、②領民を集団で信徒にしたり、神社仏閣を打ち壊したりしてはならない、③宣教師は20日以内に国外退去せよなどと命じ、一方で、法令は南蛮貿易を妨げるものでなく、布教に関係ない外国人商人の渡来は制限しないとしている。

歴史的に仏教諸宗派が並立し、宗教的には寛容だった日本に、信仰ゆえに神社仏閣を破壊するような教えが問題視されたのである。畿内ではそれほどでもなかったが、キリシタン大名の多い九州に来て、実態を目の当たりにした秀吉は、危機感を持ったのであろう。とりわけ秀吉は、捕らえられた日本人が奴隷として海外に売られていてことを知り、激怒したという。もっとも、貿易の実利はあったので、それほど厳しく実施はされなかった。

秀吉がバテレン追放令を出すと、官兵衛はただちに棄教している。自分の信仰よりも家臣や領民の安全を優先したからだろう。一方で、キリシタン大名の小西行長の家臣らが、肥後（熊本）の南・宇土の領国を追放されると、密かに受け入れ、召し抱えたりしているので、棄教は表向きで内心では信仰を持ち続けたとも言われる。慶長9年（1604）年に亡くなる時、官兵衛は遺言で博多の教会への寄付を指示し、自らの葬儀をキリスト教式で行うよう告げたというから、それが真相なのかもしれない。

以上が、神戸にかかわる黒田官兵衛の物語である。

千姫

余談ながら、姫路城で触れておきたいのは、徳川秀忠の三女で豊臣秀頼に嫁いだ千姫である。元和元年（1615）、大坂夏の陣で炎上した大坂城から救い出された千姫は、江戸に帰る途中、桑名城に立ち寄り、桑名城主の本多忠政の子・忠刻《ただとき》に見染められてしまう。何しろ、姉妹の中では最も祖母お市の方に似ていたという。千姫も忠刻に惹かれ、家康は千姫に対する負い目から、二人の結婚を認めた。翌年、千姫は桑名城に嫁ぎ、元和3年（1617）、本多家が播磨姫路に移封されると、千姫も姫路城に住むようになった。

姫路城での千姫は、夫との間に長女の勝姫を、続いて長男・幸千代も授かり、女の幸せをかみ締めていた。城内には、そんな千姫の暮らしぶりを髣髴とさせるシーンが人形で再現されている。

ところが、幸千代は3歳で亡くなってしまい、その後は宿しても流産などで子を産むことができない。さらに、夫に続いて母の江《ごう》も死んでしまい、失意の千姫は勝姫を連れて江戸城に戻り、出家してしまった。

ところで、秀頼と千姫との間に子はいなかったが、側室との間に一男一女がいた。二人とも大坂城の落城前に城を出たが、家康軍に捕まり、男児は斬首された。女児は助けられ、千姫の養女となり、後に鎌倉東慶寺に入って出家、天秀尼と名乗り、同寺の20世住持となった。ちなみに、東慶寺は幕府公認の女の駆け込み寺、縁切寺として、江戸時代より知られるようになる。

天秀尼の示寂は正保2年（1645）2月7日で、37歳だった。その十三回忌に千姫は東慶寺に香典を送っている。天秀尼の墓は寺の歴代住持墓塔の中で一番大きな無縫塔である。

東慶寺は文化人の墓が多いことでも有名で、檀家の墓地には鈴木大拙をはじめ、西田幾

幸せな頃の千姫の暮らしを偲ぶ人形

多郎、岩波茂雄、和辻哲郎、安倍能成、小林秀雄、高木惣吉、田村俊子、真杉静枝、高見順、東畑精一、谷川徹三、野上弥生子、前田青邨、川田順らの墓がある。

小西行長

商人ながら秀吉の側近として仕えたキリシタン大名が小西行長である。永禄元年（1558）、堺の商人・小西隆佐の次男として京都で生まれた行長は、備前福岡の豪商・阿部善定の手代であった源六の養子となり、商売のために訪れていた宇喜多直家に才能を見出され、家臣として仕えるようになる。秀吉の三木城攻めの際、直家から使者として秀吉の下へ遣わされ、秀吉から才知を気に入られて臣下になった。

舟奉行に任命され水軍を率いた行長は天正13年（1585）に摂津守に任ぜられている。同年の紀州征伐では水軍を率いて参戦し、雑賀衆《さいかしゅう》の抵抗を受けて敗退したが、太田城の水攻めでは、安宅船や大砲による攻撃で開城のきっかけを作ったとされる。

行長は天正13年（1585）、高山右近の勧めで洗礼を受け、翌年、小豆島1万石を与えられた。小豆島で行長は日本イエズス会副管区長のガスパル・コエリュに司祭の派遣を懇請し、大坂セミナリオのグレゴリオ・デ・セスペデスが派遣された。司祭らは１５８７年7月、堺港を出発し、岡山の牛窓で行長や日本人修道士のジアン森らと合流、小豆島に渡っている。

小豆島では行長の命で連日集会が開かれ、ジアンが説教した。その後1か月以内で１４００人が洗礼を受けたという。当時、島の人口は約1万８０００人なので、一割弱が入信したことになる。セスペデスが「小豆島の人々は素朴で、キリシタンになりやすい性格だ」と語った記録もある。

小豆島の池田町にあるオリーブ園には中腹に巨大な白い十字架が立っている。十字架が建てられたのは昭和62年（１９８７）で、小豆島へのキリスト教宣教４００年を記念してのこと。小西行長は、風光明媚なこの島に理想の「神の国」を建設しようと

小豆島・オリーブ園の十字架

したのである。

地元の郷土史家で小豆島新聞の藤井豊社長によると、先頭に立って入信を勧めたのは庄屋たちで、彼らの多くは天正年間に島に移住してきた九州などのキリシタンだった。そうした下地から、宣教が成功したのであろう。加えて、板子一枚下は地獄という漁師や船乗りたちは信心深かった。

夫人は賀川豊彦に伝道されたクリスチャンという藤井社長は、「天正の大十字架」を再現することにした。協力者を募り、友人が経営している観光オリーブ園の敷地に立て、今ではそれを目当てに来る観光客もいる。この話はバチカンにも届き、ローマ教皇ヨハネ・パウロ2世から祝福のメッセージが届いた。

しかし、小豆島を神の国にという行長の夢は1587年、秀吉が伴天連追放令を出し、宣教師の国外追放を決めたことで、もろくも崩れる。行長は、追い詰められた高山右近と日本に留まる決意をしたオルガンティノら宣教師、そしてキリシタンらを小豆島にかくまう。彼らは人目に付かない山の中に潜伏した。フロイスの『日本史』には、オルガンティノが小豆島から発信した手紙が収録されている。

1588年、行長は秀吉によって肥後の宇土（現・熊本県宇土市）に転封され、小豆島を去る。宇土は25万石で、予想外の栄転だったことから、行長は右近やその家来を迎え入れた。

その後、小豆島のキリシタンも厳しい迫害に見舞われる。しかし、隠れキリシタンとして信仰を守り続けた人たちが多くいたことは、「らんとうさん」と呼ばれる教会の形をした墓石が1241基もあることなどからうかがわれよう。

らんとうさん

現在、神戸港と小豆島の南東部にある坂手港は小豆島ジャンボフェリーで、姫路港と東北部の福田港は小豆島フェリーで結ばれている。

10 幕末・明治のキリスト教

信徒発見

鎖国政策を250年続けていた幕府は安政5年（1858）、米、仏など5か国と修好通商条約を締結し、開国した。その8条に、「外国人が居留地に自分の宗教の礼拝堂を設けても構わない」とあったことから、フランスは長崎の大浦に天主堂の建設を進め、1865年2月19日にベルナール・プティジャン神父が献堂式を行った。二十六聖人が殉教した西坂の真向かいだったので「日本二十六聖人殉教者天主堂」と名づけられたが、日本人は「フランス寺」と呼んでいた。今の大浦天主堂である。プティジャン神父は教会正面に日本語で「天主堂」と書き、潜伏キリシタンの出現を待ち望んでいた。「殉教者の血は奉教人（キリスト教徒）の種」と信じていたからである。

潜伏キリシタンの間では、7代の孫の頃にはローマ教皇が遣わした神父が来る、との予言が信じられていたが、役人の目が厳しいこともあり、今が本当にその時かどうか思案していた。日本人が一人も来ないので、見張りも怠りがちになっていた同年3月7日、浦上山里村の村人15人が天主堂に現れた。

その一人、杉本ユリが「わたしのむね、あなたとおなじ」「サンタマリアのご像はどこ」と聞いたのである。驚いたプティジャン神父はフランスから持参した聖母像の前に導き、一緒に祈りを捧げたという。これがカトリック史に残る「信徒発見」で、２５０年間以上ものキリシタン禁制の中、密かに信仰を守り続けた奇跡は全世界に衝撃と感動を与えた。

当時の日本はまだ幕府のキリシタンの禁制がしかれており、浦上では多くのキリシタンが迫害に遭っていた。俗にいう、浦上一番崩れ、二番崩れ、三番崩れである。ところが、天主堂が建てられ、信仰告白をする者が増えたことから、浦上のキリシタンたちは同年4月「私たちは昔からキリシタンの信仰を守ってきた家なので、これからはキリスト教の葬式を行う」との口上書を庄屋に届け、驚いた庄屋は長崎奉行所に報告した。

崩壊寸前の幕府が恐れたのは、キリシタンへの対処が討幕派に利用されることである。諸外国との関係から穏便に済ませたかったのだが、薩摩や長州などのほうがむしろ強硬で、「皆殺しにせよ」と長崎奉行に迫った。対応に窮した奉行所は7月15日、浦上キリシタンの主な者たちの召し捕りを命じたのである。「浦上四番崩れ」の始まりだった。その直後、幕府は瓦解し、明治新政府となる。もっとも新政府の高官たちも禁教の姿勢は同じだった。

浦上四番崩れ

1868年、新政府から九州鎮撫総督に任ぜられたのは公家の澤宣嘉《のぶよし》で、参謀は井上聞多（馨）、部下に松方正義らがいた。新政府は神道国教主義を掲げ、澤も同様であった。しかし、新政府には外国事情を知る者もいて、キリシタンを処刑するなど厳罰には踏み切れなかった。そこで、主だった幾人かの首を切り、残りは各藩に流し、手を尽くして説得することにし、一団となっている浦上の者は小分けにして、じりじり責め立てることにした。その命令をもって長崎に下ったのが木戸孝允である。ところが、長崎では領事たちが過敏になっていたので、木戸は処刑を取りやめ、主な者を流罪にすることにした。

浦上村の捕縛者は３３９２人で、改宗を拒む者たちを政府は萩・福山・津和野になどに配流することにした。その事例を私と縁の深い津和野に見てみよう。

１８６８年には浦上村の信徒たちを率いていた28人が、翌年にはその家族など１２５人の計１５３人が津和野に送られてきた。うち改宗者53人、信仰を守った者63人、殉教者37人である。

信徒らは長崎から安芸国廿日市の津和野藩御船屋敷まで船で運ばれ、津和野街道を90キロ歩いて津和野に着き、乙女峠の光琳寺本堂に幽閉された。当初は津和野藩により改宗の説諭が行われたが棄教する者はなく、方針を改めた津和野藩により信徒に対して酷い拷問が行われ、37人の殉教者を出した。

津和野藩でキリシタンの説得に当たったのは僧侶や神官たち。津和野藩は４万３０００石の小藩ながら学問が盛んで、藩主の亀井茲監《これみ》は平田篤胤の国学に傾倒し、藩士には大国隆正、福羽美静《よししず》ら有名な国学者がいた。藩校の養老館では蘭学も教え、ここで学んだ西周《あまね》はオランダに留学し、大政奉還後の政体について徳川慶喜に提案したほど。明治の陸軍軍医にして文豪の森鷗外もここに学んでいる。

新政府の宗教政策にも深くかかわっていた亀井茲監は、宗教には宗教で対すべきだとし、丁寧な説諭で改宗できると主張したので、津和野藩には信仰の堅い信徒らが預けられたのであろう。しかし、日本古来の神々の恵みや仏の慈悲をいくら説いても、一神教で凝り固まっている信徒らの心を変えることはできなかった。改宗者もその理由は厳しい拷問や飢えであった。

プロテスタントの作家で元外交官の佐藤優は、「踏み絵も偶像だから踏んでも構わない。多くの殉教者を出したのは、教会による救い、宣教師の教えを絶対とするカトリックに問題がある」と言うが、信徒らが改宗しなかったのは、先祖からの家の教えを守るためが第一だったからだろう。信仰的に聖なるものを踏みにじるのは、カトリック信徒でなくても耐えられない。ましてや家を守ることが最も大事だった近世の日本社会に組み込まれた信仰なので、先祖と子孫のためにも改宗しなかったのである。

政府の神祇官《じんぎかん》で政治的な交渉にも通じていた国学者の福羽美静は、信徒にキリスト教以外の宗教に救いはないのかとの宗教論議をしかけたが、信仰の堅さを感じてそれをやめ、一緒に飲み食いして済ませている。神の前ですべての人は平等という人間がいるのを初めて見たのかもしれない。

1870年、初代外務卿になった澤宣嘉《のぶよし》は浦上キリシタンの総流罪を命じ、西日本の10万石以上の大藩に分散させた。前に流されたものも含め3414人に上る。1871年12月24日、岩倉具視を全権大使とする政府一行は横浜港から、アメリカはじめヨーロッパ各国へ条約改正交渉の旅に出た。そこで一行が直面したのは、「信仰の自由のない日本は野蛮国だ」との激しい非難である。ことにベルギーのブリュッセルでは、一行の乗った馬車に市民が押し寄せ、口々に非難の言葉を叫んだので、宗教問題に関する国際世論の厳しさを実感した。それまでは小さな浦上村の農民の問題だと思っていたのが、西洋社会におけるキリスト教会の大きさを初めて知らされたのである。

使節は東京に、信徒を速やかに解放するよう電報を

津和野町・乙女峠のマリア聖堂

打った。流罪となっていた信徒たちは１８７３年の禁教解除により釈放され、浦上へと帰された。３４１４人のうち配流先で死んだのが６６４人、改宗者が１０２２人だった。

津和野が管轄下のカトリック広島司教区は昭和14年（１９３９）、田畑などになっていた光琳寺の跡地を購入し、昭和26年（１９５１）に「聖母マリアと36人の殉教者に捧げる」聖堂として乙女峠記念堂を建立した。「乙女峠」の呼称は同年に刊行された永井隆の絶筆『乙女峠』（アルバ文庫）に由来する。永井は島根県出身の医学者で、長崎に投下された原爆で妻を亡くしており、同書をもとにサトウハチローが作詞した「長崎の鐘」の歌詞２番には「召されて妻は天国へ…」とある。聖堂はのちに「マリア聖堂」と呼ばれるようになり、ステンドグラスには当時の悲劇の様子が描かれている。

「新聞の父」浜田彦蔵

浜田彦蔵、洗礼名ジョセフ・ヒコは１８５８年、日本人で初めてアメリカ合衆国の市民権を取得し、帰国後、横浜で英字新聞を発行して「新聞の父」と呼ばれ、「アメ彦」の通称で知られた。

彦太郎（幼名）は天保8年（1837）播磨国加古郡阿閇村古宮（現・兵庫県加古郡播磨町）の生まれ。13歳のとき船で江戸へ出かけ、江戸見物を終えての帰り、嵐で船が紀伊半島の大王岬沖で難破し、彦太郎ら17人は太平洋を52日間漂流した。1852年1月12日に南鳥島付近でアメリカの商船オークランド号に救助された。以後、彦太郎は「ヒコ」と呼ばれるようになる。

その後、ヒコは船員たちとサンフランシスコに着いた。アメリカ政府から日本へ帰還させるよう命令が出たので、ヒコは1852年5月1日にサンフランシスコを出発し、香港から東インド艦隊長官ペリーの船に同乗して日本に帰るはずだった。しかし、ペリーの来港が遅れ、その間に香港で出会った日本人から、役人に上陸を拒まれた話を聞き、アメリカに戻ることにした。

サンフランシスコに帰ったヒコは、下宿屋の下働きなどをしていたが、税関長のサンダースに引き取られ、ニューヨークに行き、1853年9月15日には日本人として初めてアメリカ大統領フランクリン・ピアースと会見した。またサンダースの援助でボルチモアのミッション・スクールに入学し、聖書や数学を学び、カトリックの洗礼も受けた。西海岸に戻った後カリフォルニア州代表の上院議員の秘書になり、1858年1月9日には大統領ジェームズ・ブキャナンとも会見している。

安政5年（1858）、日米修好通商条約で日本が開国したのを知ったヒコはキリシタンとなった以上、日本人のままでは帰国できないので、ボルチモアで帰化しアメリカ国民となる。その翌年の安政6年（1859）に駐日公使・ハリスにより神奈川領事館通訳として採用され、同年7月17日に長崎・神奈川へ入港し、9年ぶりの帰国を果たした。

翌年2月、領事館通訳を辞めたヒコは横浜で貿易商館を開いたが、尊皇攘夷の嵐が吹き荒れ、身の危険を感じ1861年10月20日、アメリカに戻っている。

1862年3月31日に大統領エイブラハム・リンカーンと会見したヒコは、同年12月4日に日本に渡り、再び領事館通訳の職に就いた。翌年には領事館通訳の職を辞め、外国人

播磨町公民館の正面玄関の脇にある
ジョセフ・ヒコの銅像

居留地で商売を始めている。

元治元年（1864）7月31日には英字新聞を日本語訳した「海外新聞」を発刊し、これが日本で最初の日本語の新聞となった。新聞は、ヒコが外国の新聞を翻訳し、岸田吟香と本間潜蔵がひらがな交じりのやさしい日本文に直したもの。18号からは広告を掲載するなど、開拓精神に満ちた新聞づくりは現在の新聞の土台といえ、今でも高く評価されている。しかし、赤字のため、数か月後に廃刊された。その間、貿易のためヒコは長崎まで度々通い、神戸や姫路に入港している。

慶応4年（1868）9月22日に、18年ぶりに帰郷したヒコは、明治2年（1869）6月には大阪造幣局の創設に尽力し、その後、大蔵省に勤めて国立銀行条例の編纂にかかわり、茶の輸出や精米所の経営などを手がけ、長崎では英国商館と鍋島家との間に入って高島炭坑の共同経営を成立させるなど活躍した。明治10年（1877）には神戸に移り、10年間暮らしている。

明治30年（1897）12月12日、ヒコは心臓病のため東京の自宅で61歳で亡くなり、外国人として青山の外国人墓地に葬られた。

神戸市は家跡の生田区（現・中央区）中山手通の海員掖済会病院（現・神戸掖済会病院）前に「本邦民間新聞創始者ジョセフ・ヒコ氏居地」の碑を建て、数年後、彼の故郷の小学校校庭に、「新聞の父浜田彦蔵の碑」が建てられた。その石碑には「浄世夫彦之墓」と刻まれている。

ピエール・ムニクー宣教師

慶応３年（１８６７）６月、幕府から「きたる12月７日（旧暦）より兵庫開港、江戸・大坂にも貿易のため外国人居留致し候事」の布告が出されると、パリ外国宣教会のベルナール・プティジャン司教はピエール・ムニクー宣教師を神戸に異動させた。翌年４月、43歳のムニクーは開港間もない兵庫に着任し、長い禁教の時代を経て、初めて神戸に来た宣教師となる。彼は今の元町付近に小さな家を求め、大半を礼拝所にし、自分は狭い部屋に住んだ。

その後、生田警察署付近に貸家を見つけたムニクーは、居留地区画の払い下げを待った。背は高く、長い司祭服を引きずりながら歩いて、人々に「長崎のバテレンさん」と指差されたという。着任した年の9月、居留地37番（現・大丸デパートの一部）に１５００平方キロの土地を購入し、祭司堂（通称三宮教会）を建てた。続いて大聖堂の建築に取り掛かり、ステンドグラスや儀式用具、楽器類の調達は外国人建築技師に協力を求め、明治２年（１８６９）５月、プティジャン司教が神戸訪問した際に定礎式を挙げている。

明治３年（１８７０）４月17日の復活祭には居留民が多数列席し「聖母マリアの七つの悲しみ」へ奉献式を行った。神戸における最初の欧風建築である大聖堂を拠点に、まだキリスト教が禁令の時代、居留地外国人の伝道から始めた。

明治２年（１８６９）３月には、フランス領事レックの斡旋により、大阪で教会の敷地の賃借契約を結んだ後、明治４年（１８７１）10月、45歳で病没した。遺言により遺体は当初、聖堂内に埋葬され、のちに外国人墓地へ葬られた。

明治４年11月に着任した後任のA・ヴィオリン師の最初の仕事は、主に長崎を追放されたキリシタンたちの司牧であった。彼らは浦上の出身で、阿波や備後の福山からひそかに神戸教会に通っていた。記録によると、ヴィオリンは大人と子供14人に洗礼を授け、４組の結婚式を挙げている。

居留地内外で工事が始まると、各地から人夫が集まり、開港の年に兵庫村と神戸村が合併して生まれた神戸町の人口は、５年間で2万4０００人から4万人を超えた。そのため、住宅や食料が不足し、迷い子や捨て子が日常の風景になるほどだったという。

ヴィオリン師は不幸な子供たちを横浜の修道女会に引き取ってもらいながら、神戸にも同様の施設を設けるようプティジャン司教に依頼している。１８７７年7月、フランスの幼きイエズス会の修道女４人が神戸でヴィオリンを手伝うようになり、やがて神戸にも孤児院が設けられた。

明治期に神戸の孤児院に収容された子供たちは４００人を超え、そこで暮らしながらひとり立ちできるよう教育を受けた。戸籍のない子供たちが多かったので、伝道師のガスパル下村鉄之助は43人を自分の戸籍に入れ、身分が保証されるようにした。こうした福祉活動がキリスト教の特徴となっていく。

アメリカン・ボード

神戸のキリスト教に大きな足跡を残したのが、北米最初の海外伝道組織アメリカン・ボードで、改革派教会（カルヴァン主義）の清教徒運動の流れを汲む会衆派に長老派、オランダ改革派などが加わっていた。江戸時代の元治元年（１８６４）に函館から密出国してアメリカに渡り、キリスト教の洗礼を受けてフィリップス・アカデミー（高校）、アーモスト大学、アンドーヴァー神学校で学び、明治8年（１８７５）に同志社英学校（後の同志社大学）を設立した新島襄も、アメリカン・ボードの準宣教師として帰国した。

アメリカン・ボードが明治2年に日本宣教を決めたのは、中国に派遣されていた宣教師たちと留学中の新島襄の進言による。最初の宣教師に選ばれたのはアンドーヴァー神学校を卒業したばかりのD・C・グリーン26歳で、同年11月に横浜に上陸したグリーンは明治3年に神戸を視察し、プロテスタント宣教師が一人もいないことから神戸を伝道地に決め、同年3月31日に赴任した。これが神戸のプロテスタント伝道の始まりである。

当時はまだキリシタン禁制の高札が立っていたので、グリーンは外国人のための礼拝から活動を始めた。明治5年（１８７２）11月、居留地48番にチャペルを建て、神戸ユニオン教会を設立した。同教会は昭和４年（１９２９）に生田町に移転し、現在は灘区永峰台にある。

グリーンは江戸から日本語教師として連れてきていた市川榮之助と妻まつに、日本語聖書の写本もさせていた。ところが１８７１年６月、市川夫妻は弾上台（今の警察）に逮捕され、預かっていた漢訳の旧新約全書や馬太福音書などが押収された。グリーンがアメリカ領事館を通して抗議すると、困惑した弾上台は夫婦を大阪から京都に移送した。まつは神戸ユニオン教会創立時に受洗している。

約1年後、伏見監獄に収容されていたまつは釈放されたが、榮之助は京都二条監獄で死亡していた。この事件は、岩倉使節団の外交交渉でも浦上切支丹への迫害と並んで取り上げられた可能性がある。

グリーンから英語を学び、１８７２年にノースウエスタン大学に留学し、エバンストン第一組合教会で受洗した沢山馬之進は帰国して大阪で伝道し、浪花教会を設立後、日本初の按手礼式を受けて牧師に就任し、グリーンのアドバイスで日本伝道会社と梅花女学校、天満教会を設立した。神官だった松山高吉はキリスト教排撃のためグリーンに会い、逆に伝道され、宇治野村（現・神戸市中央区）に英語学校を開設している。これが同志社の母体となった。

宣教師のディヴィスらは自宅で聖書研究会を開き、そこで生まれた「神戸ホーム」から1879年に神戸英和女学校が、94年に神戸女学院が開設された。また、グリーン宅での聖書研究会や祈祷会が神戸教会設立の基盤となった。

神戸に二人目の宣教師として派遣されたO・H・ギューリックは1875年、文書伝道の一環として週刊新聞「七一雑報」を創刊し、休刊後は、「福音新報」、「東京毎週新報」、「基督教世界」などのクリスチャン・ジャーナリズムを育てた。

1872年に神戸に赴任したアメリカン・ボードの宣教医ジョン・C・ベリーは神戸の国際病院の医療主任を経て1873年、兵庫県令神田孝平の要請により兵庫県病院（現・神戸大学医学部附属病院）の支配頭に就任し、神戸・姫路・明石・加古川・有馬・三田などで医療活動を行っている。明治10年（1877）に神戸の監獄でコレラが大流行すると、兵庫県の要請で監獄に立ち入り、不衛生な環境や囚人に対する非人道的な扱いを知り、兵庫県知事に監獄制度の改善を訴え、改善案を日本政府に提出した。ベリーはさらに大久保利通の理解を得て大阪、京都、兵庫、播磨の監獄を視察し、報告書を作成、制度や施設の改善に貢献した。

1878年には岡山へ移って県立病院の改革に取り組み、1887年に同志社病院院長に就任、日本初の看護学校である京都同志社病院付属看病婦学校の設立にも加わった。ベリーの活躍は「東のヘボン、西のベリー」と並び称されている。

アメリカン・ボードの神戸伝道は兵庫県下をはじめ中国や四国の伝道にも効果を及ぼし、学校教育やジャーナリズム、医療伝道などによる総合的なキリスト教伝道のモデルとして評価されている。

聖公会神戸昇天教会

神戸に現存する最古のキリスト教会が、兵庫区下祇園町の日本聖公会神戸昇天教会である。神戸昇天教会は明治33年（1900）に創立され、1910年に礼拝堂が建設された。

聖公会は宗教改革の中からイングランドで創生した英国国教会をルーツとする教派で、日本での宣教は、米国聖公会の宣教師が長崎に来日した安政6年（1859）に始まる。

1866年に中国と日本の主教に任命されたチャニング・ウィリアムズは、キリシタン禁令中に最初の改宗者に洗礼を施し、その後、宣教拠点を大阪から東京に移した。明治政府が１８７３年に切支丹禁令の高札撤廃を決定すると、ウィリアムズは活動範囲を日本に限定した。その後、８人ほどの宣教師が来日し、神戸を活動の場に選んだのがヒュー・ジェイムス・フォスとプランマーであった。１８７８年、フォスにより淡路島での伝道が始められ、洲本に真光教会が設立され、活動は姫路にも広がり顕栄教会が開かれた。

１８７８年、イングランド北西部にあるチェスター教会のＨ・ヒューズが神戸に来て男子校「乾行義塾」を開き、後に聖ミカエル国際学校となる。同校のチャペル跡に聖ミカエル教会が建てられ、焼失後の１８９４年、中山手通に新しい教会が完成した。

日本聖公会神戸昇天教会

１８８５年にイギリスから最初の日本主教が派遣され、１８８７年の第一回総会で「日本聖公会」という名称が採用された。「日本」が付けられたのは、イギリスやアメリカの聖公会の伝統を押し付けられるのを避けるためだったという。総会に出席した日本人平信徒のうち14人が聖職者に、そのうち2人が主教になっている。

フォスは1899年に大阪から下関までと淡路、四国を含む大阪教区の主教になり、1923年の教区再編で芦屋以西が神戸教区とされると、その初代主教に就任した。フォスは明治25年（1892）に日本人のための女学校「松蔭女学校」を設立している。

フォスと出会い生涯を決めたのが、後に日本聖公会首座主教になる八代斌助《ひんすけ》である。八代斌助は明治33年（1900）、八代欽之丈司祭の二男として函館に生まれ、立教大学予科に進学、聖職者を志望し、日本聖公会神戸教区の伝道師補になった。

フォスとの出会いは、釧路で健康を害した父が高知に転任となり、その途上で神戸に立ち寄ったことで実現した。八代の将来性を見抜いたフォスはバジル主教と相談し、イギリスのケラム神学校に留学させたのである。

以後、八代は昭和45年（1970）に70歳でがん性腹膜炎のために永眠するまで牧会、宣教に従事し、神戸聖ミカエル教会司祭、神戸教区主教、聖公会神学院理事長、日本聖公会主教会議長など歴任し、最期まで首座主教を務めた。また、学校法人八代学院を創設し、理事長・院長を務めたほか、立教学院理事長・院長や松蔭女子学院理事長・院長、桃山学院理事長・院長、聖路加看護大学・聖路加国際病院理事長、国際基督教大学理事、聖ミカエル保育園理事長なども歴任した。

八代学院は1963年、神戸市垂水区に八代学院高等学校を開校、68年に八代学院大学を開学した。国際化時代の到来の中、大学の使命と地域性、歴史性を明確にするため、92年に大学の名称を「八代学院大学」から「神戸国際大学」に、高校の名称を「八代学院高等学校」から「神戸国際大学附属高等学校」にそれぞれ変更し、発展している。

八代は海外伝道にも貢献し、「空飛ぶ主教」「世界の八代」と呼ばれた。昭和31年（1956）、時の岸信介首相からクリスマス島でのイギリスの水爆実験中止を要請する特使として渡英を求められると、「宗教家は政治に指図されるべきではない」と断り、代わりに親友の松下正寿・立教大学総長を推薦した。松下も祖父が聖公会牧師の三代目のクリスチャンである。

八代は豪放磊落な性格で知られ、中学時代には出羽海部屋からスカウトされたほど相撲が強く、後に横綱大鵬の後援会長になるほどの相撲好きだったという。

関西学院大学

西宮市に本部がある関西学院大学を創設したのは米国南メソヂスト監督教会宣教師J・W・ランバスの長男ウォルター・R・ランバス。明治22年（1889）、兵庫県菟原郡原田村（現・神戸市灘区王子町）の「原田の森」で、神学部と普通学部から始まった。

米国ミシシッピー州のランバス家は4代にわたる伝道者で、ランバスは1854年、上海の宣教師館で生まれた。南部の名門ヴァンダビルト大学で神学と医学を修め、結婚後、上海にアヘン中毒患者の療養所を設立し、治療・救済にあたった。

1885年、米国南メソヂスト監督教会外国伝道局はジャパン・ミッションを開設し、そのリーダーに選ばれたのが32歳のランバスだった。翌年、ランバスは神戸に着任し、父が自宅で開いていた夜間の

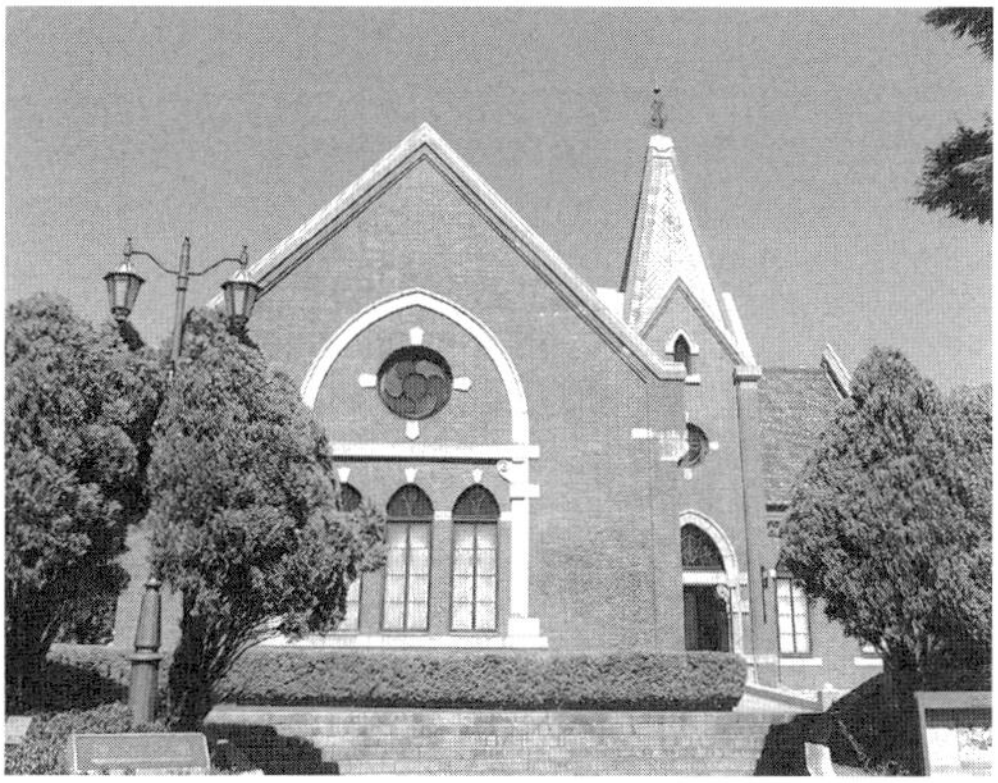

原田の森にある旧関西学院チャペルの神戸文学館

英語学校に「読書室」を設け、伝道と教育活動を始めた。翌年、パルモア牧師の支援を得たことからパルモア学院と名付け、その女子部が後に啓明女学院となる。

１８８８年の第二回日本宣教部会でランバスは男子の総合学園設立を提議し、本国のミッション・ボードの決議書が届く前に、現在の王子動物園の一角に1万坪の土地を購入し、校舎と付属施設も完成させた。同年9月、兵庫県知事の設立認可を得て関西学院が誕生。ランバスと5人の教員、19人の生徒で授業が始められた。ランバスはその1年4か月後の明治24年（１８９１）1月に日本を離れている。

ウォルター・ランバスの母メアリー・ランバスは１８８８年、神戸婦人伝道学校を開設し、これが聖和大学の前身の一つとなる。現在のパルモア学院、啓明女学院、聖和大学の三校は関西学院の姉妹校となっている。

賀川豊彦

神戸のキリスト教を語る上で欠かせないのが賀川豊彦である。賀川は明治21年（１８８８）、回漕業者の賀川純一と愛人・菅生かめの子として神戸市で生まれた。4歳の時に相次いで両親を失くし、徳島にいる父親の本妻に引き取られたが、愛人の子だと陰口を言われ、孤独な少年時代を過ごしたという。同33年に旧制徳島中学校（現・徳島県立城南高等学校）に入学した賀川は、アメリカ人宣教師のローガン博士とマヤス博士に出会い、人柄に惹かれてキリスト教徒になる。

明治38年、明治学院高等部神学予科に入学した賀川は、図書館で分野を問わず読書を重ねた。19歳の時に愛知県で伝道活動をしていた時に結核で喀血し、生死の境をさ迷うが、奇跡的に一命をとりとめた。同40年、アメリカ南長老教会により設立された神戸神学校に入学した賀川は、結核でいつ死ぬかわからないのなら、貧しい人々が住む場所に移り、メソジストのウェスレー兄弟のように命の続く限り救援活動をしようと神戸の貧民街「新川」に住み込み、救霊団

賀川記念館にある賀川の像

（神戸イエス団）の活動を始めた。

貧民街での活動を支えていた芝ハルと結婚した賀川は、大正3年（1914）にアメリカのプリンストン大学神学校に留学する。そこで賀川はアメリカの労働運動や社会運動を見て、日本社会の仕組みを変えようと思い立つ。

帰国後、賀川は無料診療所を開設し、「救貧から防貧へ」をスローガンに、労働運動や農民運動、生活協同組合運動などの社会運動を始め、普通選挙運動にも取り組んだ。

大正12年9月1日に関東大震災が発生すると、西日本で義援金を集めて東京に行き、被災者の救済に奔走した。同13年には全米大学連盟に招待され、以後、海外での伝道活動や講演を通して賀川の名は世界に知られるようになる。その後は宗教活動に比重を置き、「百万人の救霊」を目標として「神の国運動」を提起、福音伝道のために全国を巡回した。

賀川の社会運動はキリスト教の博愛主義によるもので、非暴力・平和主義を基本に共産主義、ファシズムを否定している。１９３６年、カルヴァンの宗教改革４００年を記念する会議に招かれた賀川が、ジュネーブで行った講演がもとの著書『ブラザーフッド・エコノミクス（友愛の政治経済学）』（コープ出版）では、資本主義でも共産主義でもない「第三の道」として、「人格」と「友愛」による協同組合運動を通した社会改造を唱え、世界が「協同組合国家」で再編され、連帯していけば、平和で平等な社会が実現すると主張した。

労働運動と一緒に始めた労働者の神戸消費者組合は、山の手の婦人たちが始めた灘生協と一緒になることで成功した。賀川は貧民街の子供を山の手の家庭に預けるなど、貧民街にいながら上流婦人や資本家とも付き合える人だった。

唯心論の立場から唯物論を徹底して批判した賀川だが、協同組合運動は共産主義の人たちとも一緒に行った。生協は、関西は英国のロッチデール派だが関東はモスクワ派が多く、何度も分裂しかけたが、賀川は「考えの違う人とも同じ目的のためには一緒に行動する」という心の広い人だった。ラグビーではないが、「一人は万人のために、万人は一人のために」が生協の理念となる。

昭和16年、日米関係が悪化すると、賀川は近衛文麿首相の密命を受け4月に渡米、ルーズベルト大統領に会い戦争回避を訴えた。その折、リバーサイド日米キリスト者会議に参加し、「アメリカ教会への感謝状」を贈っている。

敗戦後の昭和20年9月5日、東久邇宮首相の要望で内閣参与に登用された賀川は、国民の道義心の向上と国際社会への復帰という二つの課題に取り組むよう要請され、道義新生会と国際平和協会を立ち上げた。

昭和20年8月30日、賀川は読売報知新聞に「マッカーサー総司令官に寄す」という長文の公開書簡を発表した。それは、日本が天皇を中心に一つになっている国であることを訴え、天皇制の維持を主張し、天皇の戦争責任を追及する勢力を牽制する内容であった。

戦争を防げなかったことを悔いた賀川は、尾崎行雄を総裁に昭和23年に設立された「世界連邦建設同盟」の副総裁に就任し、衆議院議長の松岡駒吉を説得して議員連盟を結成。同24年に「世界連邦日本国会委員会」が発足すると、顧問に就任した。

ノーベル文学賞候補やノーベル平和賞候補に何度も推薦された賀川は、昭和35年4月、東京・松沢の自宅で死去、享年71だった。神戸市に賀川記念館、鳴門市に賀川豊彦記念館が、東京には賀川豊彦記念松沢資料館が開設されている。

11　北野異人館街の宗教めぐり

神戸は慶応3年（1868）の開港以来、多くの外国人が訪れて居住するようになり、国際色豊かな都市として発展してきた。それを象徴するのが三宮の北側にある「北野」エリアで、観光スポットとしても人気が高い。故国を離れ、海を渡ってきた外国人たちが、海の見える高台に邸宅を構えたことから、北野異人館街が形成されたのである。彼らはそれぞれの文化・宗教をもたらしたので、400メートル四方の地域に多くの宗教施設が建設され、国際宗教都市を形成した。そこで、異人館街とその周辺に点在する宗教施設を訪ね歩いてみよう。

神戸ムスリムモスク

生田神社の西にあるトアロードを北に上ったところにあるのが神戸ムスリムモスク。昭和10年（1935）に、神戸在住のトルコ人や亡命タタール人、インド人貿易商らイスラム教徒の寄付・出資により建てられた日本で最初のモスク（回教寺院）である。1階は男性の、2階は女性の礼拝堂になっていて、イスラム教徒でなくても見学できる。

そこから少し北にあるのが、明治元年（1868）にフランスから来神したカトリック教会の宣教師が、明治2年に居留地に教会堂を献堂したのが前身のカトリック神戸中央教会である。建物は阪神・淡路大震災で半壊し、区内では同じ系列の下山手カトリック教会が震災で全壊したため、中山手、下山手の両教会に加え灘区の灘教会も統合して、新たに箱船をイメージした教会が平成16年（2004）に完成した。

そこから東に行き、一宮神社の北側にあるのが神戸ハリストス正教会。ハリストスは「キリスト」のことで、ロシア正教会は明治6年（1873）頃に伝えられ、大正2年に会堂（後のハリストス教会）が建てられた。1917年のロシア革命後は多くの亡命ロシア人が神戸に居住するようになった。

正教会の少し北にあるのが神戸バプテスト教会で、昭和25年（1950）に米国南部バプテスト連盟からシェラー宣教師一家が来神し宣教を始めた。明治3年（1870）にはアメリカン・ボードの宣教師が来神し、明治4年に神戸ユニオン教会が開かれ、明治7年には西日本最古のプロテスタント教会として日本基督教団神戸教会が創設された。神戸を象徴する建築の一つとされる神戸栄光教会は明治19年（1886）、米国南メソジスト教会の宣教師により建設され、その2年後に関西学院が創立されている。

聖公会（英国教会）の宣教師は明治9年（1876）に来神し、明治14年には神戸聖ミカエル教会の前身の教会が建設された。同教会から独立し、明治43年（1910）に完成し、現在に至っているのが、少し離れた兵庫区にある日本聖公会神戸昇天教会で、戦災と震災を乗り越え築100年を超える礼拝堂は、歴史的に価値あるものとされている。

バプテスト教会を少し北に上り、北野通を西に行ったところに日本で唯一のジャイナ教寺院がある。正式名称は「バグワン・マハビールスワミ・ジェイン寺院」。ジャイナ教は厳格な菜食主義や不殺生（アヒンサー）で知られるインドの宗教で、ジャイナ教徒には宝石商が多いという。寺院は昭和60年（1985）、インド人が資金を出し合って完成した。

インドから取り寄せた白い大理石が美しく、複雑な装飾がエキゾチックな雰囲気を醸し出している。

神戸シナゴーグ

そこから少し西に行ったところに関西に住むユダヤ人の拠点となっている神戸シナゴーグがある。昭和12年（1937）に設立された日本最古のシナゴーグ（会堂）で、第二次世界大戦中にはユダヤ人難民を受け入れる人道支援の拠点として機能した。

1940年、杉原千畝《ちうね》がリトアニアで発給した「命のビザ」でユダヤ難民6000人が来日したが、彼らの滞在日数は長くて10日間。その間に目的国のビザを取得し、船便を確保しなければ、強制送還されてしまう。そんなユダヤ難民の窮地を救ったのがヘブライ語学者の小辻節三《こつじせつぞう》だった。

明治32年（1899）、京都の賀茂神社の代々続く神主の家に生まれながら聖書に関心を持つようになった小辻は明治学院大学神学部に進み、卒業後は旭川の教会の牧師になる。牧場主の娘・美禰子と結婚し、娘にも恵まれるが、キリスト教の教義に疑問を感じるようになり、旧約聖書を学び直すため家族とアメリカに留学。ヘブライ語を覚え、パシフィック宗教大学でユダヤ教を学び博士号を得た。

昭和６年（１９３１）に帰国した小辻は、銀座で聖書原典研究所を開くが、３年で閉鎖に追い込まれる。その失意から立ち直りかけた頃、小辻は南満州鉄道の松岡洋右総裁から、ドイツやソ連から満州に逃れてきたユダヤ人対策のため総裁アドバイザーに招かれた。ここでの仕事とユダヤ人との親交が、後の活動に結び付く。

昭和15年（１９４０）11月、神戸のユダヤ人協会から切羽詰まった書状が届いた。問題は、ユダヤ難民のビザ延長と、日本の通過ビザを持たない難民の入国である。小辻は外相になっていた松岡に相談し、神戸市がビザの延長を認めれば政府は黙認するとの確約を得る。当時、ビザの扱いは自治体で、窓口は警察署だった。

小辻は義兄から30万円の支援を受け、接待も交えて警察幹部を説得し、人道的配慮によるビザ延長を取り付けることに成功した。これにより、ユダヤ難民たちはアメリカなど次の国への出国が可能になったのである。後に小辻はユダヤ教に改宗し、没後、遺体はイスラエルの墓地に埋葬されたという。杉原千畝の「命のビザ」はこのようにして引き継がれ

たのである。（山田純大著『命のビザを繋いだ男』NHK出版より）

神戸関帝廟

兵庫県庁から西に行ったところに、財の神として名高い三国志の武将・関羽を祀った神戸関帝廟がある。明治21年（1888）に呉錦堂ら商売に成功した華僑が開いた霊廟で、大阪府中河内郡布施村にあった黄檗山萬福寺の末寺で廃寺になっていた長楽寺を、当地に移し再興した。

昭和14年（1939）に関帝と天后像を祀ったが、昭和20年の空襲で焼失。その跡地に昭和22年（1947）中国人有志によって関帝廟が造営され、その後拡張を重ね現在の姿になっている。

『三国志』で知られる蜀の武将・関羽が商売の神になったのは、主君・劉備への忠義を貫くなど商売で大切な「信」に厚かったからで、華僑たちは儲かると関帝廟に寄付をするのが習慣である。

カトリック神戸中央教会

神戸ムスリムモスク

神戸バプテスト教会

神戸ハリストス正教会

ジャイナ教寺院

神戸シナゴーグ

神戸関帝廟

12 再度山大龍寺と空海

六甲山系の摩尼山山頂近くの南斜面、海抜350メートルにある東寺真言宗別格本山の大龍寺《たいりゅうじ》は、延暦23年（804）に空海が唐に渡る直前に参詣して航海安全を祈願し、その帰国後、大願成就を感謝して再度参詣したことから、山号を再度山《ふたたびさん》と名付けたという。本尊は如意輪観音で、「中風（脳梗塞）除けの寺」としても知られる祈願寺である。

興味深いのは、同寺を創建したのが和気清麻呂であること。寺伝によれば、称徳天皇（孝謙天皇が重祚）の勅命により摂津国の国分寺に次ぐ寺院の建立に適した地を六甲山系で探していた和気清麻呂の一行は、北に六甲山系が広がり、南に大海原を望む、頂上が平らで適地と思われる当地を見つけた。荷を下ろした一行が沢の清水でのどの渇きを癒やしていたところ、道鏡が遣わした刺客に襲われた。ところが突如、沢から大きな龍が現れたので刺客たちはほうほうのていで逃げ出し、清麻呂は命を助けられた。清麻呂が恐る恐る龍を振り返ると、そこにはかつて夢に見た観音菩薩が立っていた。

そこで、神護景雲2年（768）に清麻呂は勅許を得て、不思議な夢告により自身が所有していた行基菩薩が一刀三礼して彫り上げたという聖如意輪観世音菩薩像を建立した堂に祀り、摩尼山大龍寺と名付けたという。寺号は龍になって現れた観音菩薩の徳を称える意味から大龍寺とし、山号は夢で見た摩尼宝珠《まにほうしゅ》を讃嘆する意味で摩尼山と号した。「龍」を冠する寺の始まりともいう。空海が同寺を訪ねたのは、それから約40年後のことである。

宇佐八幡宮の神託により道鏡が皇位に就くのを防

大龍寺本堂

いだことで知られる和気清麻呂は備前国（岡山県）の出身で、桓武天皇に平安京遷都を進言し、造宮大夫として建都事業に尽力した技術官僚である。備前国は土木技術に通じた渡来系の秦氏の拠点の一つで、清麻呂も彼ら技術者集団を率いて河川改修などのインフラ整備を行っていた。

大同元年（８０６）に唐から帰国した空海が、許されて京に上ったのはその２年後で、空海が持ち帰った密教経典に関心をもった最澄の支援により入ったのも和気氏の私寺である神護寺であった。これらから空海と和気氏との関係の深さが分かる。

京の大学寮を出て仏道修行していた空海が一時滞在していた奈良の官大寺には、唐で土木技術を学んだ道昭などの元留学僧や、彼らから教えを受けた行基などがいたので、あらゆることに関心を持っていた空海が、彼らから土木

朱塗りの山門

技術の手ほどきを受けたこともありうる。そのつながりから、秦氏と関係の深い和気氏とも親しくなったのではないか。清麻呂が生まれた岡山県和気町の和気神社には大龍寺の石塔がある。

大龍寺の奥の院には空海作と伝わる「亀の岩」があり、亀の頭は空海が学んだ長安の方向を向いている。空海が登山した道は大師道と呼ばれ、空海の修行地である現在の再度山公園には「修法《しお》ヶ原」の地名が残る。天授元年（1375）には後円融天皇が中風にかかった際、同寺中興の祖の善妙上人が祈願して天皇の病が平癒したことから、「中風除けの寺」「病気平癒の寺」として信仰されるようになった。以来、代々の住職がその秘法を受け継いでいる。

奥の院にある「亀の岩」（大龍寺ホームページより）

現在の伽藍は江戸時代初期以降に再興されたもので、真言宗になったのは神仏分離令が出た明治になってから。廃仏毀釈で廃寺になる恐れから、当時の井上徳順住職が東寺真言宗所轄の寺院とし、存続させた。

鬱蒼とした森林に映える同寺の朱塗りの大きな山門は、六甲山ハイキングのランドマークにもなっている。戦前、両親が台湾から神戸に移住した直木賞作家で、歴史小説『曼荼羅の人』で空海を描いた陳舜臣は家が大龍寺の近くにあり、よく訪れていたという。

井上宥恵《ゆうえ》前住職は呉の萬年寺の出身（昭和25年生まれ）で日本大学法学部を卒業後、醍醐寺で僧侶の資格を取って自坊に帰り、大龍寺前住職の長女・井上和世さんと結婚して同寺に入った。和世さんは神戸女学院大学卒業後、パリ国立高等音楽院を首席で卒業し、フランス歌曲や日本歌曲、ミサ曲等の宗教音楽、オペラなど幅広い分野で活躍している声楽家で、住職になる予定だった弟が亡くなったため寺を継いだ。宗教と芸術の融合という時代の先端を行くご夫妻である。

13 清盛塚隣接の兵庫住吉神社

神戸市営地下鉄の中央市場前を降りて少し歩くと古代大輪田泊《おおわだのとまり》の石椋《いしくら》が据えられている。泊とは港のこと。石椋は防波堤の基礎工事に使われた花崗岩の巨石で、昭和27年の新川運河浚渫工事の際に発見された。

和田岬によって南西風と潮流から守られる大輪田泊（後の兵庫津）は古代からの良港で、南東からの風と潮流を防ぐため防波堤が築かれた。波浪で防波堤が破壊されるたびに朝廷が修築使を遣わし修築を繰り返しており、『日本後紀』によると、弘仁3年（812）に嵯峨天皇は勅命により日本初の国営事業として泊の修築を行い、天長5年（828）には淳和天皇が満濃池の修築などの実績があった空海を泊の造船瀬所別当に任じ、港湾整備の指導監督にあたらせている。

平安時代後期に日宋貿易のために大輪田泊を修築したのが平清盛で、当地には十三重石塔の「清盛塚」があり、兵庫大仏で知られる近くの能福寺には清盛の墓所である「平相國廟」がある。その清盛塚に隣接して鎮座しているのが、兵庫区切戸町にある兵庫住吉神社で、船泊の兵庫運河開削に合わせ明治11年に建立されたという。

高原克住《かつよし》宮司によると、当地は冬季に強風が吹き、海難事故が頻繁に起きていたので、帆船が風浪を避ける船泊として兵庫運河を開削することになった。「それと同時に、明治11年に大阪の住吉大社から海の神様である住吉三神を勧請して建立したのが兵庫住吉神社です」と言う。最初の運河（新川運河）の着工が明治7年なので、海上交通の安全を祈願して同時期に建てたのであろう。

現在は修築中の兵庫住吉神社本殿（同社ホームページより）

運河の計画を立案し、開削事業を主導したのが「神戸発展の父」とも呼ばれる神田兵右衛門《こうだひょうえもん》で、『兵庫住吉神社誌』によると神田氏は同社の創建にも尽力している。同社に土地を寄進したのが「菊正宗」で知られる本嘉納家8代目当主の嘉納治郎右衛門で、地元の多くの有力者の支援で建立された。『神社誌』には楽天の三木谷浩史氏の祖先で米穀商をしていた人の名前も出ているという。

　同社の近くには兵庫県立兵庫津ミュージアムがあり、最初の兵庫県庁を復元した「初代県庁館」と、博物館施設である「ひょうごはじまり館」から構成されている。同社を訪ねた時、令和6年の秋季企画展で「イワシとニシンと兵庫津の商人―江戸時代、サカナは肥料だった―」が開かれていた。

兵庫津ミュージアム

それによると、江戸時代にはイワシやニシンが肥料として重宝され、木綿や米の肥料となって綿織物や酒など今につながる兵庫の地場産業を支えていた。当時、地引網漁や巻き網漁で兵庫の近海でもイワシがよく獲れていたという。ちなみに、初代兵庫県知事は伊藤博文、4代は陸奥宗光で、明治政府が兵庫を重視していたことがうかがえる。

兵庫津は今の神戸港より西にあるが、水深が深くて大型船が停泊でき、古くから文化の流入地であった。その意味で、福原遷都を断行した平清盛は優れた先見性の持ち主であったと言えよう。港湾設備が整った今、運河沿いはキャナルプロムナードとして整備され、商業施設のイオンモールが新しい風景になった。川端にはマスコットのような「清盛くん」の像があり、古い歴史を今に伝えている。

新川運河キャナルプロムナードの清盛くん

14 真光寺の一遍上人御廟

兵庫区にある時宗の真光寺は、踊り念仏で知られる時宗を創始した一遍上人の示寂の地で、境内に御廟がある。

2500年の仏教史を俯瞰すると面白いことに気付く。それは、一つの歴史の流れの最後に、全体を総合するような教えが出てくること。仏教が生まれたインドで言えば、大乗仏教の最終ランナーである密教は、土俗的なヒンズーの神々も包含した神仏習合的な教えになっている。それが中央アジアを経由して中国に根付き、日本にもたらされた。

日本仏教の過半を占める浄土教では、中国で法華経を学んだ最澄が開いた比叡山で、念仏による救いを体系化した源信の『往生要集』が平安時代後期に書かれ、日本人の浄土信仰を決定的にした。それが庶民に広がるのは鎌倉時代の法然からで、法然はルターに匹敵する日本の宗教改革者と評される。

法然→親鸞→一遍という宗祖たちによる浄土教の浸透は、教えを先鋭化しつつ、古来からの信心・信仰を取り込んできた。彼らが唱えた「念仏」は、本来「観想念仏」を意味していた。釈迦仏教もインド宗教の瞑想から生まれたもので、肉眼では見えない仏を、瞑想により目の当たりに見るのが観相である。源信の言う念仏もそうで、その伝統は今も比叡山に受け継がれている。

しかし、それでは庶民には難しいので、「南無阿弥陀仏」と口で唱えるだけでいいとしたのが法然の「口称念仏《くしょうねんぶつ》」で、まさに革命的だった。柔軟な法然は貴族らの求めに応じて密教の呪術も行っていたが、弟子の親鸞はその教えを

「一遍上人示寂の地」と記された真光寺
＝神戸市兵庫区

先鋭化し、俗世の在家を重んじ妻帯まで公開した。もっともそれは、「和国の教主」と称えられる聖徳太子以来の日本の伝統なので、自然な流れとも言えよう。親鸞の難解な教えを分かりやすい歌の和讃にし、今に続く浄土真宗の裾野を広げたのが、親鸞から約２５０年後の蓮如である。

　その日本浄土教のアンカーが時宗の一遍で、「阿弥陀如来はすべての人を救うと決めているので、念仏しなくてもよい」とした。伊予の河野水軍という武家に生まれた一遍は、法然の弟子に学び念仏を広める途上で、八幡信仰の宇佐神宮や他界の聖地・熊野の信仰も取り入れ、各地を遊行しながら布教する

一遍上人の御廟

ようになる。

そして、信州で自然発生的に生まれた「踊り念仏」が一世を風靡するようになった。今でいうストリートダンスで、救われた喜びに体が動き出し、その体に心が動かされ、集団演舞に広がる。やがて踊りの設備を用意する武士も現れてきた。今日、信徒数が最大の浄土真宗も、寺を持たない「捨て聖」一遍の没後、時宗の勢力を取り込んだことが大きい。

空海を契機に仏教研究を深めた梅原猛は、晩年の著書『法然・親鸞・一遍』（ＰＨＰ文庫）で「すべてを捨てて『南無阿弥陀仏』とひたすらに称えれば、天地万物と一体になれる、こうした思想が一遍の思想なのです。『白楽天』という能には、日本では歌というものは人間ばかりか、鶯も蛙も歌を詠むし、自然の声、風の声や雨の音もすべて歌であると言っていますが、一遍上人にとっては、すべては念仏だったのです。」と述べている。

「天地万物と一体」とは、天台宗の「草木国土悉皆成仏」あるいは「山川草木悉有仏性」で、無生物を含めあらゆる存在に生命を認めるという縄文時代以来の日本人の心性。これはインドにも中国にもない思想で、争いの少ない島国の長い狩猟採集時代にはぐくまれた。その上に仏教を受容したので、ある意味、仏教の理想が日本で結実したのである。

ところで、仏教の言う「救い」とは何か。釈迦以前のウパニシャッド哲学の「梵我一如」に由来する、「(人を含む)天地万物との一体化」がそうで、道元風に言えば、日々の営みをそのための修行として実践できる状態である。罪や悪の自覚は、その契機の一つにすぎない。阿弥如来とは天地万物の象徴であり、一遍の言う、「念仏を唱えなくてもその気持ちになればいいのだ」は、実に現代的な教えである。

15 『源氏物語』と神戸

明石市の善楽寺

令和6年の大河ドラマ「光る君へ」にちなみ、『源氏物語』と神戸についても触れておこう。物語の始まりからプレイボーイぶりを発揮する光源氏が権力闘争に敗れ、都落ちして行く先が須磨（明石）である。京から適度の距離にある今の明石市は、一時退避に格好の土地であったという。

作家の澤田瞳子《とうこ》氏は「（長編の『源氏物語』は）間に『須磨編』を挟んだおかげで、物語がダラダラとせずにすんだ」と語っている。対談相手の倉本一宏国際日本文化研究センター名誉教授は「藤原道長の要請を受けて書かれたのは第一部まではないか。

都落ちして明石から京に帰ってきた後の光源氏は、どう考えても道長の投影だ」と述べている。（『NHK大河ドラマ歴史ハンドブック　光る君へ』NHK出版）

『源氏物語』に登場する光源氏の愛人の中で好感が持てるのは、須磨で源氏が出会った明石の君である。彼女の父は、源氏の母桐壺更衣の従兄弟にあたる明石の入道で、母は明石尼君。父方の祖父は大臣、母方の曽祖父は中務卿宮という上流の血筋だったが、父は近衛中将の位を捨て播磨の受領となり、やがて剃髪・出家し、そのまま明石に定住した。ところが、入道は自分の娘から将来帝と后が生まれ、国母（天皇の生母）の母になるという夢を見て、京の姫君に劣らないよう娘を教育したのである。

光源氏が明石に流れてきたのを知った入道は、これこそ夢のお告げの人だと思い、娘との逢瀬を手引きする。わびしさを抱えた源氏が、それに応じないわけはない。源氏が帰京してのち娘が女児（明石の姫君）を産むと、

明石市の善楽寺にある「明石入道の碑」

父は嵐山に別邸を建て、娘を住まわせた。

その後、源氏と姫君は親子対面を果たすが、母の身分が低いので、姫君は源氏の正室紫の上の養女として引き取られる。娘の行く末を考えて姫君を手放した明石の君は、姫が成人して入内するまで会うことができなかった。

その後、源氏が建てた六条院に「冬の町の主」として迎えられた明石の君は、娘の入内をきっかけに付き添いを許され、紫の上と対面する。そして、桐壺女御となった娘の後見役をしながら、紫の上とも良好な関係を築いていく。

権力を握った源氏の後ろ盾と明石の君の見事な裁量、何より娘が第一皇子を産んだことで、明石の姫君は中宮に立后し、光源氏は天皇の外戚になる道が開けていく。倉本氏が道長の投影だというのも当然であろう。

同じく「浜の松の碑」と善楽寺本堂

須磨寺に尾崎放哉の句碑

須磨区の大本山須磨寺には光源氏が植えたと伝わる「若木の桜」がある。源平の「一ノ谷の戦い」の前後、弁慶が「一枝伐らば、一指剪るべし（この桜の木の枝を1本折ったものは、指を1本折れ）」と言い、制札を立てたと伝わるほど大事にされてきたという。

また、須磨寺から南に歩いて7分の所にある現光寺は、本堂を縁取るような松の木が立派で、『源氏物語　須磨の巻』で登場する光源氏の住まいに関する描写と似ていることから『源氏物語』ゆかりの地とされている。

ところで、須磨寺大師堂の前には、俳人・尾崎放哉《ほうさい》の「こんなよい月を一人で見て寝る」の句碑がある。東京帝国大学法学部卒のエリートで、優れた自由律の俳句を数多く残し

現光寺

ながら、酒癖の悪さから職を失い、晩年は各所を流浪した放哉は、「昭和の芭蕉」種田山頭火と共に「漂泊の俳人」と呼ばれ、季語や五・七・五という俳句の約束事を無視し、自身のリズム感を重んじる「自由律俳句」を詠んだ。

西田天香の一燈園に入りながら、修行に堪えられず、知恩院塔頭の常称院に寺男として入った放哉は、親友との再会の喜びで泥酔し、わずか1か月で追い出され、知人の紹介で須磨寺に入ったのである。この頃、「障子しめきつて淋しさをみたす」「にくい顔思ひ出し石ころをける」「犬よちぎれるほど尾をふつてくれる」など詠んでいる。

「海の見える所で死にたい」と言う放哉が、最後の8か月を過ごしたのが小豆島の土庄町にある西光寺の南郷庵で、今は小豆島尾崎放哉記念館になっている。ここでの句が「咳をしても一人」「とんぼが淋しい机にとまりに来てくれた」「障子あけて置く海も暮れ切る」「足のうら洗へば白くなる」など。毎年4月7日には「放哉忌」が営まれている。

須磨寺大師堂前の尾崎放哉の句碑

16　現代中国と神戸

陳舜臣と生田神社

神戸生まれの直木賞作家・陳舜臣は令和6年（2024）、生誕100年を迎えた。戦前、貿易商の両親が台湾から神戸に移住し、元町で生まれ育った陳は、近くの生田神社の境内が遊び場で、いろいろな文章も残している。

令和5年は大阪外国語大学（現・大阪大学外国語学部）で一年上だった司馬遼太郎の生誕100年で、二人は学生時代からの親友だった。国民作家と言われた司馬は陳に会うためよく神戸に来て、『中国を考える』（文春文庫）という対談本も出している。

陳の両親は日本統治下の台湾籍の中国人で、先祖は福建省の農家、父親が台湾で貿易商を始めた。神戸で生まれ育ちバイリンガルの陳は大阪外国語大学で印度語、ペルシャ語を専攻した。子供の頃、生田神社で遊んだことを、「生田の森」と題して当社の社報『むすび』に寄せているので紹介しよう。

「こどものころ、生田さんの境内でよく遊んだ。池があったし森もあって、たのしかった。もっとも森のほうは柵で囲まれていて、なかにはいることはできなかったが、そこに森があるということだけで、けっこううれしかったのである。柵のすきまからなかをのぞくと、こども心にもなんとなくロマンチックな気分を味わうことができた。

われわれが小学生のころは、夏休みなどになると、『田舎』へ遊びに帰るこどもが多かった。私の故郷は遠い台湾だから、そうかんたんに田舎に帰るわけにはいかない。小学校在

神戸市中央区の南京町

学中は、三年の春休みにいちど帰ったきりである。だから、休暇で田舎へ行く友だちが羨しくてならなかった。とくに親しくしている友人が田舎へ帰っているあいだは、さびしくてしようがない。

そんなとき、私は生田さんへ一人で行くのだ。はじめはひとりぼっちでさびしいが、そのうちだんだんと『幻想の田舎』が、生田さんのなかに組み立てられる。私はそこを自分の田舎になぞらえる。その場合、踏みこむことのできない生田の森が、重要な役をはたしたのはいうまでもない。（中略）

昭和二十年の六月五日、神戸に大空襲があった。当時、私は垂水に疎開していたが、B29が退去してしばらくしてから、神戸へ出た。親類や知人の安否を気づかってである。ご存知のように、あの日の神戸は瓦礫の焦土となっていた。余燼がまだくすぶって、空襲のあと特有の曇り空に、不気味な風が吹いている。いたるところに焼死体をみて、私の心は暗く沈んだ。

そして、生田神社にはいった。建物はみな焼失していた。さまざまな思い出につながる大切な場所が、かわりはてたすがたになっているのは、かなしいながめだった。心をいためて、そのあたりを歩いたが、ふと森のことを思い出して、かけつけた。

森のなかにも焼夷弾はおちたらしいが、どうやら致命的ではないようだった。私はじっとみつめているうちに、

『大丈夫、生田の森は息を吹きかえす！』

と思った。すると、うなだれていた心もシャンとなって、元気が湧いてきた。

たとい一握りの狭い土地に樹木が密生しているというだけでも、それが生田の森であるかぎり、貴重なのである。象徴というものは、無限大のひろがりをもつ。規模の大小は二の次である。生田神社がその小さな森を、いつまでも守ってくれることを祈念してやまない。」（昭和40年9月20日）

陳は昭和48年に「さきがける生田さん」と題し、『むすび』に一文を寄せている。

「私の一ばん遠い記憶にある生田さんは、昭和初年のころですから、大正ムードの残っているお宮さんだったはずです。

当時の小学校では、神社参拝というのがありました。なにを祈願しなさいと言われたのか、そこまではおぼえていませんが、そのころから、生田さんは『武運長久』を祈念する

場所となっていたようです。

戦争、そして戦災によるイメージが、それにつづきました。

神戸が古き良き時代にあったとき、生田の森界隈も、緑濃く、池にも亀やスッポンが多く棲息するところでした。戦争の時代になりますと、お宮さんも時代の流れに従ったのです。そして、

――国破れて山河あり

の歎きを、神戸の焼跡とともに、生田さんも経験したのであります。それ以後の生田さんは、時代の流れに従うというよりは、むしろ流れの先に立ったのではないでしょうか。

戦後の混乱期に、生田さんはすでに安定の道に進んでいました。

経済成長期の前に、生田さんはすでに繁栄の道の何歩も先を行っていました。

第六十回神宮式年遷宮記念に、生田神社会館が、ことし竣工、開館される予定と聞いています。

経済成長期のつぎは、文運の花ひらく時代が来るでしょう。会館の完成は、それにさきがけてなされた事業です。

生田さんは、つぎにどのような時代を先取りするでしょうか？　公害追放、人間性回復の時代を、やがて神戸は迎えます。日本、いや、全世界が迎えますでなければ、人類は滅亡するしかありません。

もちろん、生田さんは、一歩それに先んじて、来たるべき時代の潮流のだいぶ先に、私たちになにかを示してくれるでしょう。

会館のおつぎは何でありましょうか？　生田さんびいきの一人として、それを想像するのはたのしいことです。」（昭和48年1月1日）

商社員から作家に

陳舜臣は学生時代から推理小説が好きで、37歳での処女作『枯草の根』が江戸川乱歩賞を獲得した。同作は、華僑の大富豪が神戸を訪ねた直後に中国人高利貸しが殺された事件を、神戸の中華料理店主・陶展文が見事な推理で解決する短編で、細かい伏線がトリックを見破る手がかりとなり、深みがあってユーモアの漂う人間描写が見事である。陳は受賞の時の様子を「夏祭雑感」と題し『むすび』に寄せている。

「生田さんは、私にとってはわらべ時代の思い出につながっている。もらったお小遣いをしっかりと握りしめ、心をはずませながら境内をうろついた夏の夜は、いまでもほのぼのとした気もちで回想される。（中略）

昭和三十六年八月四日の夕方、貿易商社員だった私は、帰宅の途中、生田さんに寄った。ちょうど夏祭の最中である。献燈などをみていておそくなり、くたびれた鞄をさげて家にむかったが、市電山手線あたりで、鞄のとっ手が切れてしまった。縫い目が脆くなっていたのだろう。仕方がないので鞄を小脇にかかえて北野町の坂をのぼって行くと、路地のかどに妻が待っていて、私をみると興奮したように手を振った。――東京から電話があって、江戸川乱歩賞受賞をしらせてきたということだった。

鞄のとっ手が切れたのは、もう職業をかえよという神の暗示だったかもしれない。それを機会に、私は文章で身を立てることにした。生田さんの夏祭がくると、私はいつもそのときの感激を思い出して、初心にかえるのである。」（昭和43年8月3日）

陳は44歳で、辛亥革命期の中国を舞台にした小説『青玉獅子香炉《せいぎょくししこうろ》』で直木賞を受賞した。

紫禁城の宦官が写真を持ってきて、溥儀の収蔵品だった香炉をアメリカに売ったので写真そっくりの香炉を造って欲しいと頼まれた古物商で職人の李同源が、思いを寄せる女性教師の素英と共に作品を仕上げ、戦後、アメリカの収集家の手に渡った同作を一緒に見に行くという創作である。台湾でも翻訳出版されたのだが、故宮博物館の関係者から、「厳重に保管しているので、すり替えはあり得ない」とのクレームが出たので、陳は以後、同作について語るのを控えるようにしたという。

当時、すでに陳は大作の歴史小説『阿片戦争』を上梓していた。長編なので、別に『実録アヘン戦争』も出している。『阿片戦争』の主人公は架空の人物、アモイの豪商・連維材で、財力を使って清の近代化を進めようとする。もう一人の主人公は実在の官僚で政治家の林則徐。イギリス船が積んできたアヘンを焼き払ったのが戦争のきっかけとなる。

同作の解説で歴史家の奈良本辰也は「『阿片戦争』の主役は阿片戦争そのものなのだ。この作品の場合、どの人物をとりあげてみても、この小説の主役とは言いがたいのだ。林則徐にして然り。作者が作中もっとも重要な役割をふりあてている連維材という人物も、時代を象徴する英雄としては描かれていないのである。氏にとって阿片戦争は事件ではない、時代そのものなのだ」と書いている。

阿片戦争は1840年から2年間続いた清とイギリスの戦争で、アジアの大国清がイギリスの艦隊に敗れたことは日本にも伝わり、列強侵略の危機感が倒幕運動の大きな要因となった。

産業革命により生産力を増大させたイギリスは市場を求めアジアに進出するが、当時の清は朝貢貿易のみを認め、イギリスの製品は高級品以外それほど必要としていなかった。そこでイギリスは、インドで製造したアヘンを清に輸出するようになり、巨額の利益を得たのである。

アヘン中毒が国民に蔓延したことから清は法律でアヘン販売を禁止し、全面禁輸を断行、イギリス商人の保有するアヘンを没収・処分した。これに反発し、軍艦を派遣したイギリスとの間で戦争が始まったのである。近代兵力に勝るイギリスが勝利し、1842年の南京条約で清はイギリスに香港を割譲することになる。今の価値観ではイギリスが悪いのだが、帝国主義の当時はそれが常識であった。

その後、清も近代化を模索するが、満族という少数民族の支配から脱却できず、日清戦争では日本に敗れ、1911年の辛亥革命で清王朝は滅びた。多民族国家の大国だったので、日本のように小回りが利かなかったのが清の近代化を失敗させたとも言え、列強に開国を迫られていた幕末の日本にとって他山の石となったのである。

司馬遼太郎と陳舜臣の「空海」

２０２３年が生誕１２５０年の空海について、司馬遼太郎は『空海の風景』（中公文庫）、陳舜臣は『曼荼羅の人』（集英社文庫）を書いている。宗教学者の山折哲雄は近著の『わが忘れえぬ人びと』（中央公論新社）で、祇園で一緒に飲んだ梅原猛が司馬に、「風景」ぐらいのことで空海密教の本領がわかってたまるものか、と言い大喧嘩になったという話を紹介している。

確かに『空海の風景』は司馬の『街道をゆく』と同じような紀行文で、宗教的深みには踏み込んでいない。一方、中国に造詣の深い陳の『曼荼羅の人』は、空海が唐に滞在した2年間の出来事を、フィクションを交えリアルに描いている。

両書に共通しているのは、空海は日本にいる間にほぼ密教と中国語をマスターし、密教の正統な継承者としての灌頂を受け、経典や法具を持ち帰るために唐に渡ったという説で、それは史実に近いとされている。そのため空海は留学僧として、本来なら20年滞在しなければいけないのを2年で帰国し、20年分の費用を経典の筆写や曼荼羅の製作などに投じた。それでも足りない灌頂の儀式には、多くの支持者から布施が寄せられたのも、空海の実力と人間的魅力をうかがわせる。

当時の長安は世界一の国際都市で、交易を通じてキリスト教やイスラム教、ゾロアスター教などアジアの宗教が集まっていた。密教そのものが大乗仏教の最後に現れ、インド古来のバラモン教やヒンズー教を取り込んだ宗教であった。空海が目指したのは密教を超えた

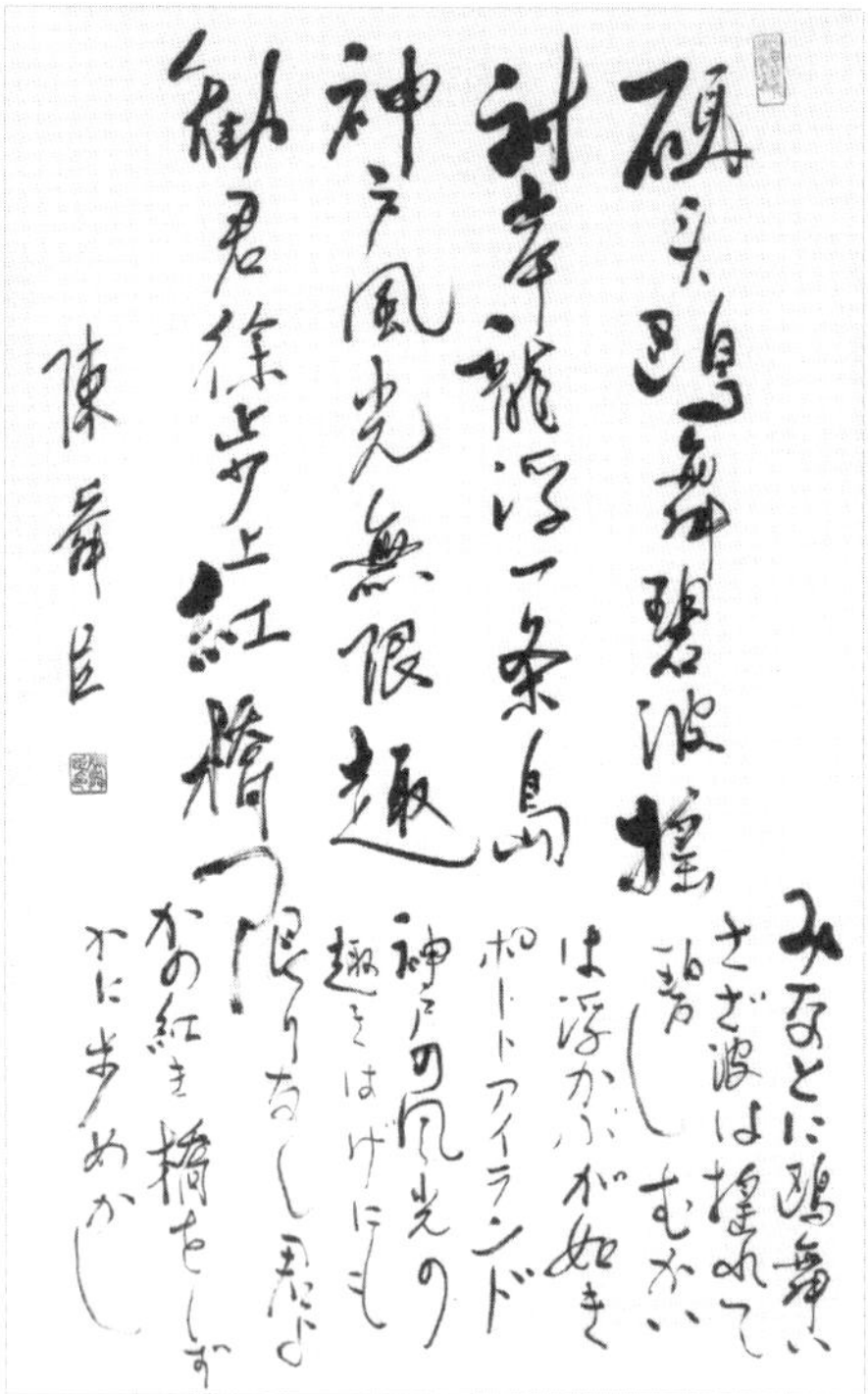

陳舜臣氏が著者に贈った書。下段は本人訳

地球規模の普遍宗教で、そのため中国の道教や儒教をはじめ渡来の宗教施設を訪ね、学び、吸収していく様子が『曼荼羅の人』には面白く描かれている。インド、中国、日本の広い教養を身に付けた陳ならではの想像力が魅力的な小説と言えよう。

空海の関心は宗教に留まらず、医療や土木建築、教育などにも広がり、それが帰国後の満濃池の修築や綜芸種智院の創設などにつながる。また、唐の密教は皇帝の政治を呪術で支えていたことから、空海は唐の政治と宗教の関係にも詳しくなり、そこから日本での政治的振る舞いを考えた。それが帰国後の都の東寺と、修行の場としての高野山に結実したのである。

さらに、毎年正月8日から14日まで玉体安穏・鎮護国家・五穀豊穣・万民豊楽を祈る法会「後七日御修法《ごしちにちみしほ》」が、空海の奏上により宮中の真言院で宮中行事として行われるようになった。明治の神仏分離以降は東寺で行われている。

神道の立場からは、日本的な神仏習合の宗教は最澄の天台宗と空海の真言宗によって完成したと言えよう。アニミズム的な縄文時代からの自然信仰に基づく「草木国土悉皆成仏」の本覚思想の日本仏教の完成である。古来、仏教には「仏法東漸《とうぜん》」という言い伝えがあるが、それは単に東に伝わるという話だけではなく、釈迦の教えと理想は日本において実現されるとの予言ではないかと、我田引水的に思ってしまう。中国や韓国では滅んでしまった密教が、日本では残り、今も多くの人に信仰され、学び続けられているという事実が、それを如実に物語っている。

日本国籍を取得

昭和46年に出した評論『日本人と中国人』（祥伝社新書）の「まえがき」で陳舜臣は執筆の動機を、「日中の友好のうえにしか、この本の作者には安住の場所がない。…陥穽が、あちこちにあることはよく知っている。その危険を進んで冒そうとするのは、やむにやまれぬものがあるからだ」と書いている。

陳は「実を取って名を捨てる」実利主義の日本人と、「名を取って実を捨てる」形式主義の中国人を対照的に論じ、また、天皇に親近感をいだく日本人の「尊血主義」に対して、文明としての「中華思想」を解説し、それが両国の政治や近代化への取り組みの違いとして現れたとしている。司馬との対談『中国を考える』でもその点が話題になっている。

日本にとって中国は歴史的に先進国で、それが、列強の圧力を受けての開国・近代化において、実利的で小回りが利く日本と、文明大国で多民族国家であるがゆえに形式主義で変化に時間のかかる中国との差が、明治以降に顕著になった。

中国は1970年代からの経済の改革開放で市場経済化しているが、政治的にはまだ中世的要素が残っているのではないか。しかし、隣国であることに変わりはないので、歴史を踏まえた賢明な対応が日本には求められる。

陳は能にも造詣が深く、「ルーツとしての能」を『むすび』に書いている。

「――古代は仰ぎ見る遠祖であり、中世は自分たちの体内にその同じ血の流れを感じる近祖である。たとえば、日本の代表的な生活、芸術、お茶やお能などは中世にうまれ、そして現代に生きている。…

私は『山河太平記』と題して、雑誌『太陽』に一年半にわたって、太平記の遺跡をめぐるエッセイを連載した。それが平凡社から一冊の本となって出版されたとき、私はそのあとがきに、次のような文章をかいた。

日本人がルーツをたどるとき、能は見すごしてはならない、重要な手がかりである。それは名探偵ふうに推理する必要もなく、現在のカタチから源へ、あまりまがりくねることなくたどって行ける。それというのも、この芸能が家元制度という、堅牢なカプセルに守られてきたからであろう。

日本を理解するには能を知らなければならない。能とは何か？ 私たちの先輩は、能というものは、能にして能にあらずといわれた『翁』のなかに、能のすべての秘密がひめられている、と教えてくれている。その秘密を解くのは、一人一人のたのしい作業である。」（昭和54年9月19日）

陳は１９８９年の天安門事件がきっかけで、平成２年（１９９０）に日本国籍を取得した。１９９６年に芸術院会員となり、98年には日中両国の文化交流の尽力により勲三等瑞宝章を授与された。平成26年（２０１４）、神戸市に「陳舜臣アジア文藝館」が開設された翌年、90歳の天寿を全うした。

孫文記念館

明石海峡大橋が神戸側に着地する垂水区の舞子公園に、八角形で緑色の孫文記念館がある。本来の名は「移情閣」という中国式楼閣で、大正11年（1915）築の現存する日本最古のコンクリートブロック建造物として、国の重要文化財に指定されている。

辛亥革命の父とされる孫文（孫中山）を顕彰する日本で唯一の博物館で、神戸潜伏中の彼をかくまった川崎造船所社長で政治家の松方幸次郎との縁から、昭和59年（1984）に開設された。ちなみに、松方が本格的な西洋美術館の創設を目指し、ヨーロッパで買い集めた絵画、彫刻、浮世絵が「松方コレクション」で、その一部が国立西洋美術館所蔵品の母体となっている。

移情閣は、華僑の貿易商で相場師の呉錦堂が、舞子海岸に持っていた別荘「松海別荘」内に建て

孫文記念館

たもので、大正2年（1913）に孫文一行が神戸を訪れた際、そこで歓迎会が催されている。「移情閣」という別称は、窓から六甲山地、瀬戸内海、淡路島、四国と「移り変わる風情」を楽しめることから名づけられたという。

日中国交正常化10周年を機に、孫文ゆかりの地にあるこの建物を孫文の記念館として再生しようという運動が高まり、孫文の誕生日である1984年11月12日に「孫中山記念館」として開館した。その後、明石海峡大橋の完成に合わせ整備された舞子公園内に平成12年（2000）に移築された。

孫文が大正13年（1924）11月28日、県立神戸高等女学校講堂で「大アジア主義」の講演を行ったことは有名である。講演は中国語で行われ、随行した戴季陶によって日本語に通訳された。日本に対して「西洋覇道の走狗となるのか、東洋王道の守護者となるのか」と問いかけ、欧米の帝国主義に対して東洋の王道・平和の思想を説き、日中の友好を訴え、拍手喝さいを浴びた。

講演は孫文が神戸で大アジア主義を唱える玄洋社の頭山満と会談した翌日に行われたもので、頭山は孫文支援者の一人だった。孫文は日本とのかかわりが深く、東京、横浜、神戸、長崎などに足跡を残し、辛亥革命の過程でも多くの日本人協力者がいた。社会運動家の宮崎滔天をはじめ、梅屋庄吉や山田順三郎らがよく知られている。

孫文は１８６６年に広東省の農家に生まれ、華僑として成功していた兄を頼って14歳でハワイに渡り、アメリカの民主主義を知ると同時にクリスチャンとなった。19歳で広東に戻り、香港で医学を学び、医師を開業したが、やがて中国の改革運動に加わるようになる。１８９４年にハワイで興中会を結成し、翌年、日清戦争の終結後に広州での武装蜂起（広州蜂起）を企てたが、密告で頓挫し、日本に亡命した。

１８９７年、宮崎滔天の紹介で頭山満と会い、頭山を通じて玄洋社初代社長で自由民権運動家の平岡浩太郎から東京での活動費と生活費の援助を受け、住居は犬養毅が世話した。

その後、孫文はアメリカを経てイギリスに渡り、一時清国公使館に拘留される。その体験を『倫敦被難記』として発表し、革命家として世界的に有名になった。長い間、満州民族に支配されていた漢民族の孫文は、１９０５年に宮崎滔天らの援助で東京・池袋で興中会、光復会、華興会を糾合して中国同盟会を結成し、ここで東京に留学中の蔣介石と出会っている。その後、数回にわたる蜂起と失敗、亡命を繰り返した後、三民主義を掲げ、ついに１９１１年に辛亥革命（第一革命）を成功させ、１９１２年に南京に中華民国を樹立、臨時大総統に就任した。

しかしその後、北京は軍人で政治家の袁世凱に奪われ、広東を拠点に国民党の一員として抵抗（第二革命）した。国民党が弾圧されてからは秘密結社中華革命党を結成して袁世凱の帝政復活に反対（第三革命）し、さらに北京の軍閥政府に対抗して１９１７年に広東軍政府を樹立した。

日本に亡命した孫文は犬養毅に「明治維新は中国革命の第一歩であり、中国革命は明治維新の第二歩である」との言葉を贈り、日本への共感を示していたが、第一次世界大戦中の１９１５年、日本が「対華21カ条要求」を北京政府に出したため、中国では抗日の機運が高まった。１９１７年にはロシア革命が起きると、多くの中国の若者が共産主義に共感し、孫文も引かれるようになる。

第一次世界大戦後の１９１９年、「五・四運動」を機に中国情勢が抗日に大きく転換すると、孫文は大衆政党として中国国民党（現在の国民党）を組織した。その後、ロシア革命後のソ連に接近して、１９２４年に国共合作（第一次）に踏み切り、全面的な国民革命を開始したが、翌1925年、「革命いまだ成らず」の言葉を残し、孫文は58歳で没した。台湾（中華民国）で孫文は、中国最初の共和制の創始者として「国父」と呼ばれ、近年は中国（中華人民共和国）でも「近代革命先行者（近代革命の先人）」の「国父」として、再評価が進んでいる。

17　明石海峡大橋

悲願の明石架橋

ＮＨＫの「新プロジェクトＸ～挑戦者たち～」で令和6年（２０２４）5月11日に放映されたのが、昭和63年（１９８８）5月に現地工事に着手し、およそ10年の歳月をかけて平成10年（１９９８）4月に完成した明石海峡大橋で、タイトルは「世界最長　悲願のつり橋に挑む」だった。平成7年（１９９５）1月17日には阪神・淡路大震災に見舞われたが、地殻変動により橋の全長が1メートル伸びただけで、被害はほとんどなかった。

大橋が着地する神戸側の舞子公園に「人生すべからく夢なくしてはかないません」と刻まれたモニュメント「夢レンズ」がある。その言葉は昭和15年（１９４０）、内務省神戸土木事務所長時代に明石海峡大橋の架橋を提言し、後に神戸市長になった原口忠次郎の、「白昼に夢でも見ているのではないか?」と一蹴された市議会での答弁で、思わず口をついて出たもの。原口の没後、明石海峡大橋は完成した。

原口が明石架橋を提言したのは、現地で見た淡路島と四国の経済の遅れ解消のためで、さらに連絡船の転覆事故で多くの命が失われており、橋で本州とつながることは島民たちにとって悲願であった。京阪神にとっても、淡路島と四国がヒンターランド（後背地）となるのは経済圏の拡大を意味していた。

モニュメント「夢レンズ」

舞子公園の北側に、4世紀後半から5世紀前半に築造された兵庫県最大の前方後円墳・五色塚古墳があり、その上に立つと明石海峡大橋を望める。瀬戸内海を渡ってくる船に権威を示すような豪族の古墳と、最新技術で完成した大橋が好対照の光景で、古代から神戸は、まさに海とのかかわりで発展してきたことが実感できる。

明石海峡大橋は、神戸市と淡路島の間の明石海峡に架かる、橋長3911メートル、中央支間1991メートルの世界第2位のつり橋で、本州四国連絡架橋事業の一環として建設された。2022年3月にトルコのダーダネルス海峡に架かる主塔間の距離2023メートルのチャナッカレ1915橋が完成するまでは世界第1位だった。

大阪湾と瀬戸内海をつなぐ明石海峡は、海峡の幅が約4キロ、最大水深は約110メートル、海峡を流れる潮流の速さは最大で毎秒4・5メートル（約9ノット）に達する。また明石海峡は古くからの好漁場で、海上交通安全法によって国際航路に指定されており、1日に1400隻以上の船舶が航行する、海上交通の要衝である。それだけの厳しい自然条件や社会条件を克服して建設しなければならなかった。

そのためつり橋は、風速80メートルの風と、太平洋プレートで発生が予想される大地震や、兵庫県南部地震のような直下型地震にも耐えられるように設計されている。さらに、主塔を支えるには、最大潮流速毎秒4・5メートルの潮が流れる海の上で、水深60メートルの海底に、最大約12万トンの鉛直力に耐えうる基礎を建設する必要があった。

当時の日本には1000メートル級のつり橋の経験しかなく、その約2倍の橋げたを架設しなければならないことから、海外の先進技術を学びながら、日本独自の新しい技術の開発を行う必要があった。

つり橋の「調査月報」を発行

明石架橋を推し進めた原口忠次郎は明治22年（1889）に佐賀県で生まれ、京都帝国大学工科大学土木工学科を卒業後、内務省に入省、東京土木出張所、新京国道建設所長、神戸・中国・四国などの土木出張所長を歴任している。戦前、原口が明石架橋を提案したところ、もし橋が落ちて軍艦が通れなくなったらどうすると、海軍から猛反対されたという。

戦後、原口は神戸市に入り、復興本部長や助役を務め、参議院議員を1期務めた後、昭和24年（1949）神戸市長に当選し、昭和44年（1969）まで5期20年を務めた。工学博士号を持つ「技術屋市長」として、山を削った土で海面を埋め立ててポートアイランドなどを整備し、山を削った跡はニュータウンなどとして開発する、「山、海へ行く」と呼ばれた事業を行い、六甲山トンネルを含む六甲有料道路や神戸ポートタワー、神戸高速鉄道、さんちか（地下街）などの事業を実施した。

明石海峡大橋の実現に向け原口は、1937年に完成していた主塔の間隔が1280メートルのアメリカのゴールデンゲートブリッジなど、先進的なつり橋の技術を調べ、翻訳して紹介する「調査月報」を作り、神戸製鋼やゼネコンなど関係各社に配布した。

本州・四国連絡橋への期待が高まったのは戦後のことである。昭和20年（1945）12月9日の朝、明石海峡連絡船せきれい丸が、悪天候と定員オーバーのため転覆し、304人が犠牲になる事故が起きた。次いで昭和30年（1955）には、高松沖で連絡船の紫雲丸が衝突・沈没し、修学旅行生を含む168人が命を落とすという悲惨な海難事故が起きた。これらが動機で沸き上がった四国の人たちの請願を受け、中四国で本四連絡橋建設の推進運動が始まったのである。

神戸市長になった原口は、実現不可能だと批判されながらも明石架橋の持論を展開し、国や経済界に協力を要請していく。地元の機運の高まりを受けて、国は本州と四国を結ぶ複数のルートの調査を開始し、昭和44年（1969）に神戸—鳴門（明石海峡大橋・大鳴門橋）、児島・坂出（瀬戸大橋）、尾道・今治（瀬戸内しまなみ海道）の3ルートが決定した。

こうして、明石海峡大橋は、四国4県の人々の人命を守り、物流・運輸・観光の振興を目指す国家プロジェクトとなったのである。

事業主体となる本州四国連絡橋公団（現・本州四国連絡高速道路株式会社）が昭和45年（1970）に発足し、第1次オイルショックの影響で着工が遅れたものの、昭和50年（1975）に、広島県尾道市と愛媛県今治市を結ぶルートを皮切りに順次建設が始まった。

メインケーブルで橋げたを支える

つり橋は橋げたをロープの張力で吊り下げ支える構造。古典的な例では、つるで両岸から本体を支える徳島県祖谷《いや》のかずら橋があり、現在のかずら橋は安全のため鋼のワイヤーで補強されている。現代の長大なつり橋の最初は、1883年に完成したアメリカのブルックリン橋とされる。その後、ジョージ・ワシントン橋は中央支間長が1000メートルを超え、さらにゴールデンゲート橋などが造られた。日本では北九州市の若戸大橋や下関・門司間の関門橋、東京の隅田川にかかる清洲橋などが代表的である。

メインケーブルの強度がつり橋の中央スパンの距離のカギを握っているので、明石海峡大橋では、従来のケーブルより強度が12・5％増の最強度のケーブルが開発された。これにより、中央スパン1990メートルが可能になり、完成当時、世界一のタイトルを獲得したのである。また、これによりメインケーブルを支えるアンカーレイジの位置が海岸になり、設計上楽になった。アンカーレイジとは橋の両端にあってメインケーブルを繋ぎ止める碇（アンカー）で、明石海峡大橋では巨大なコンクリート製の構造物が両岸に、見上げるようにそびえている。メインケーブルは7万4000本のワイヤーを束ね、総重量9万トンもの橋げたを吊り下げていて、メインケーブルの直径は約1メートルにもなる。

メインケーブルを支えるのが主塔で、両岸もしくは岸から全長の4分の1くらいまでの位置に建てられる。基礎が水中になる場合は、ケーソンと呼ばれる鉄の函を沈め、コンクリートを流し込んで構築すること

巨大なアンカーレイジ

が多い。渦潮で有名な鳴門海峡に架かる大鳴門橋では、水流を妨げないため複数の柱で構成されている。明石海峡大橋の主塔の高さは約３００メートルで、地震や風への対策に合わせ美観も重視された。

自動車や鉄道が通る橋げたは、メインケーブルに付けられたハンガーロープで吊り下げられる。これがつり橋の最も重要な要素の一つで、鋼鉄のワイヤーを平行に束ねたものが使われる。

明石海峡大橋は当初、鉄道併用橋で計画されていたが、列車の重量による橋げたのたわみが解決できず、昭和60年（１９８５）に道路単独橋に変更され、これにより技術的な課題は大きく軽減された。

架橋工事に入ると、大量のワイヤーをどうやって海峡の主塔に掛けるかが大きな問題になった。事前に１００本束ねたワイヤーを引き出すと、謎のたるみが出て、ばらばらになってしまう。これは、現場の技術者の発想により、ワイヤーを巻くリールを運べる限界まで大きくすることで解決した。リールの回転数が減り、ワイヤーがたるみにくくなったのである。

昭和63年（1988）に主塔の工事が始まり、平成5年（1993）にケーブルを渡す工事が始まった。普通は船でパイロットロープを渡し、そこに太いロープを結んでいくのだが、1日に1400隻もの船が行き交う海峡なので、ヘリコプターによる架設を採用した。世界で初めての作業だが、ベテランのパイロットはロープに引きずられながらもヘリコプターを巧みに操縦し、パイロットロープ渡海を見事に成功させた。風の中、主塔の上で待ち構えているとびたちに、正確にロープを投下したのである。

そこから次の主塔へは、風を受けたロープに斜め下に引かれながら飛ばないといけない。大きな風圧に耐え、ヘリコプターは10分後にもう一つの主塔に到着し、ついに一本のロープが張り渡されていった。

いよいよメインケーブルの架設では、前掲の秘策により、ワイヤーは順調に伸びていき、無事、4000メートルを渡し切った。その作業を580回繰り返す必要があったが、予想外の速さで進んだという。

しかし、その直後、阪神・淡路大震災が発生したのである。震源は明石海峡の真下だった。被害調査の結果、海峡の幅が1メートル伸びていたが、最も心配された300メートルの主塔は40センチ傾いただけで、安全の範囲に収まっていた。地震で伸びた1メートルは、橋げたの設計変更で対応した。地震発生時には、主塔をケーブルで両岸から引っ張っていたので、マグニチュード7・3の大地震でも倒れなかったのだろう。世界一の橋をケーブルが支えたのであり、明石海峡大橋は幸運だった。

工事続行の決断をした本四公団は、工事期間を短縮するため、クレーンを載せた橋げたを巨大なクレーン船で運び、取り付けることにした。工事関係者が誇りとするのは、死亡事故ゼロだったこと。明石海峡大橋の完成で四国の豊かな恵みが2時間で阪神の市場に着くようになった。阪神にとっては四国が広大なヒンターランドになったのである。

明石海峡大橋の完成を見ずに、原口忠次郎は昭和51年（1976）、脳梗塞のため神戸市立中央病院で亡くなった。享年86。遺言により、橋が見える高台に墓が設けられた。明石海峡大橋が竣工した後、舞子公園に原口の偉業を記念したモニュメント「夢レンズ」が建立された。その土台には、原口が市議会で発した言葉「人生すべからく夢なくしてはかないません」が刻まれている。

橋の科学館

明石海峡大橋の架橋技術を目の当たりにすることができるのが、明石側のアンカーレイジがそびえる舞子公園内にある橋の科学館。ＪＲ舞子駅から歩いて５分で、外国人を含め多くの来館者が興味深そうに見学している。

完成した明石海峡大橋は、今後、２００年以上も健全な状態を維持しなければならない。そこで注目される技術の一つがケーブルの送気乾燥システムで、つり橋の生命線であるメインケーブルの腐食を防ぐため、ケーブル内部に乾燥した空気を強制的に送り込み、ケーブル内の湿度を一定に保つもの。メンテナンスコストも考慮した、画期的なケーブル防食技術だという。

ボランティアで解説員をしている元垂水工事事務所長の島田喜十郎氏によると、小学生の主な質問は次のようだという。

橋の科学館を見学する人たち

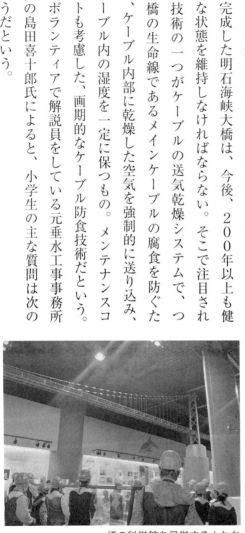

①海峡幅は何メートルですか。（４０００メートル）②潮流はどれくらいですか。（秒速４・０～４・５メートル）③海峡の一番深いところは何メートルありますか。（１１５メートル）④１日に船は何隻通りますか。（１４００隻）⑤橋は台風で壊れないですか。（風洞模型実験では秒速80メートルの風でもＯＫ）⑥主塔の高さは何メートルですか。（約３００メートル）⑦橋の建設費はいくらですか。（５０００億円。橋長１メートルあたり１億２５００万円）⑧工事は何年かかりましたか。（10年）⑨何人働きましたか。（延べ２１０万人。工事死亡事故０）⑩橋は何年もちますか。（良好な経年管理で２００年以上）（島田喜十郎著『明石海峡大橋』鹿島出版会）

彼らの中から、将来の優れた橋の技術者が出現するかもしれない。（了）

メインケーブルを模したベンチ

あとがき

副題を「海がつくった国際都市」としたが、正確には「海と山がつくった国際都市」だろう。山とは六甲山系で、瀬戸内海に近く、鬱蒼とした森林におおわれ、清流を神戸の人たちにもたらした。山と海の近さが、赤道を越えても腐らない水の理由で、山を崩して海を埋め、新しい神戸が開かれてきたのである。

序で、神戸を象徴するような諏訪神社を取り上げ、長崎から移住した華僑の人たちの足跡を記した。人には文化や技術が付属しており、それが新しい居住地の風土になじんでいく。世界各国から人々が訪れ、移住するようになって、国際的な宗教・文化都市神戸が生まれたのである。

それを古代に投影すると、岡田英弘氏が提唱したように、日本の古代国家は華僑の商人がつくったとも言えよう。最近の古代人のDNA解析によると、3世紀後半から7世紀前半までの古墳時代に、大量の渡来人がいたという。そのため日本人は、従来の縄文人と弥生人の二重構造説から、古墳時代の渡来人を含めた三重構造説が説得力を増している。何しろ、当時の中国は三国時代の戦乱期で、朝鮮半島も戦乱が続いており、多くの難民が日本列島に渡ってきたことは想像に難くない。彼らにとっては、日本は安住の地だったのだろう。

当然、彼らは農耕や土木などの進んだ技術と道具を持っており、それらを使い日本で暮らすようになり、やがてその技術や道具は、交流を通して先住民たちにも広がっていったのである。

神戸の発展の起点となった大輪田泊の歴史を見ると、大和朝廷の命で最初に整備したのが行基で、次いで空海、平清盛を経て東大寺の重源と、仏教僧の活躍が目立つ。これは、当時の仏教が単なる宗教だけでなく、土木技術も学びの範囲に入れていたからであろう。古代日本において、仏教は渡来の学問の総体であり、大乗仏教の利他の教えに従えば、持てる技術を使い人々の暮らしを便利にするのは当然の行為である。さらに空海のように人徳に霊力を持ち合わせていると、多くの民が共に働きたいと集まったのであろう。

神戸とキリスト教では、キリシタン大名の高山右近や黒田官兵衛に始まり、賀川豊彦まで長くなったのは、それだけ西洋文明との出会いが大きな影響をもたらしたからと、見えぬものを信じた彼らの生き方が面白いからである。もっとも、日本人の暮らしは西洋化したが、精神文化はそう変わっていない。

所功氏の『「天皇学」ゼミナール入門』（藤原書店）によると、縄文時代からのアニミズムに基づき地域や部族、職業の神々を奉じてきた諸々の神道を、皇室祭祀を中心にまとめたのが3世紀、崇神天皇による天社《あまつやしろ》と地社《くにつやしろ》の和合で、これにより家族国家としての日本の基本が形成されたという。

次いで、欽明天皇から推古天皇、聖徳太子の時代における、宮中祭祀を軸とした仏教の受容で、ここに日本宗教の基本である神仏習合が始まる。古来の文化を守りながら最新の外来文化を積極的に取り入れるという、明治維新につながる皇室の在り方が日本を国際社会の一員に押し上げたのである。

つまり、私たちは日本人としての心を持ち続けることで、外来の優れた文物を受け入れ、自分たちのものにすることができた。そうやって進歩・発展してきたのが日本人で、神戸人はまさにその最先端にいる。明石海峡大橋を完成させた技術者たちを見ても、そう感じるのである。
神戸史談会の会員として私たちは、これからも歴史に学び、新しい神戸を創造していく力になりたいと思う。

令和7年1月26日　　　　神戸史談会会長　加藤隆久

【参考文献】

新田次郎・藤原正彦著『孤愁』文春文庫
篠田謙一著『新版日本人になった祖先たち』NHK出版
岡田英弘著『倭国』中公新書
静慈圓著『仏教は現代人への救いとどう向き合うのか』セルバ出版
鹿毛敏夫著『世界史の中の戦国大名』講談社現代新書
遠藤周作著『反逆』講談社文庫
吉川英治著『黒田如水』角川文庫
永井隆著『乙女峠』アルバ文庫
賀川豊彦著『ブラザーフッド・エコノミクス（友愛の政治経済学）』コープ出版
梅原猛著『法然・親鸞・一遍』PHP文庫
NHK出版編『NHK大河ドラマ歴史ハンドブック　光る君へ』NHK出版
司馬遼太郎・陳舜臣著『中国を考える』文春文庫
山折哲雄著『わが忘れえぬ人びと』中央公論新社
陳舜臣著『曼荼羅の人』集英社文庫
陳舜臣著『日本人と中国人』祥伝社新書
島田喜十郎著『明石海峡大橋』鹿島出版会
所功著『「天皇学」ゼミナール入門』藤原書店
加藤隆久著『よみがえりの社と祭りのこころ』戎光祥出版
加藤隆久著『生田の杜とミナト神戸の事始め』戎光祥出版
加藤隆久著『神戸・生田の杜から日本を考える』アートヴィレッジ

ＮＨＫ「ブラタモリ」制作班監修『ブラタモリ　別府・神戸・奄美』角川書店
神戸市立博物館編『ＫＯＢＥ歴史の旅』神戸新聞総合出版センター
陳舜臣著『神戸ものがたり』神戸新聞総合出版センター
山崎整著『幕末・維新の兵庫・神戸』神戸新聞総合出版センター
櫃本誠一・岸本一宏・大手前大学史学研究所編『兵庫県の古代遺跡1　摂津・播磨』神戸新聞総合出版センター
田辺眞人著『神戸かいわい　歴史を歩く』神戸新聞総合出版センター
田辺眞人著『神戸の伝説』神戸新聞総合出版センター
神戸女子大学古典芸能研究センター編『伝説・物語の神戸を歩く』神戸新聞総合出版センター
「神戸と聖書」編集委員会編『神戸と聖書』神戸新聞総合出版センター
大国正美著『神戸・阪神「名所」の旅』神戸新聞総合出版センター
大国正美著『古地図で楽しむ神戸』風媒社
大国正美著『絵図と歩くひょうご西国街道』神戸新聞総合出版センター
藤井勇三著『神戸の歴史を歩く　海辺と街と山』神戸新聞総合出版センター
造事務所編・先崎仁監修『兵庫　地理・地名・地図』じっぴコンパクト新書
神戸空襲を記録する会編『神戸大空襲』神戸新聞総合出版センター
佐々木孝昌著『神戸はみだし近代歴史めぐり』神戸新聞総合出版センター
関西学院大学キリスト教と文化研究センター編『ミナト神戸の宗教とコミュニティー』神戸新聞総合出版センター
石戸信也著『絵葉書で見る神戸　ハイカラ・モダンの時代』神戸新聞総合出版センター
神戸外国人居留地研究会編『神戸と居留地』神戸新聞総合出版センター
村上しほり著『神戸　闇市からの復興』慶應義塾大学出版会
田中美穂編『兵庫の教科書』ＪＴＢパブリッシング

鷲尾圭司著『明石海峡魚景色』アートヴィレッジ
甲南大学プレミアプロジェクト神戸ガイド編集委員会編『大学的神戸ガイド』昭和堂
林啓介著『賀川豊彦』賀川豊彦記念・鳴門友愛会
山田純大著『命のビザを繋いだ男』ＮＨＫ出版
真弓常忠著『古代の鉄と神々』ちくま学芸文庫

加藤隆久（かとう・たかひさ）

昭和９年岡山県生まれ。甲南大学文学部卒業、國學院大學大学院文学研究科専攻修士課程を修了し、生田神社の神職の傍ら大学で教鞭をとる。神戸女子大学教授、生田神社宮司を経て現在は名誉宮司。神社本庁長老。文学博士。神戸女子大学名誉教授。兵庫県芸術文化協会評議員、神戸芸術文化会議議長、神戸史談会会長、世界宗教者平和会議日本委員会顧問などを兼務。著書は『神社の史的研究』『神道津和野教学の研究』『神葬祭大辞典』『よみがえりの社と祭りのこころ』『神道文化論考集成』『神戸・生田の杜から日本を考える』他多数。

神戸歴史散歩
海がつくった国際都市

2025 年 1 月 26 日　第 1 刷発行
著者——加藤隆久
発行——アートヴィレッジ
〒 663-8002　西宮市一里山町 5-8・502
TEL050-3699-4954　FAX050-3737-4954
URL：https://artvillage.thebase.in/
編集協力——多田則明
カバー・本文デザイン——西垣秀樹

Printed in Japan　2025
定価はカバーに表示してあります。